글로벌 항공운송실무
Global Air Transportation

글로벌 항공운송실무

Global Air Transportation

김경혜·김미정·김한성·박신영·배성화·신경희·이유나·이지윤·최판호

일러두기

본 교재는 항공 지상 서비스에 관한 전반적인 학습과 IATA^{International Air Transport} ^{Association}의 항공 지상 서비스 자격증 취득을 위한 내용을 다루고 있습니다. IATA 공인 교육센터^{Authorized Training Center}의 국내 교육과 관련된 자격증 취득을 목적으로 출간되었습니다. 이 교재는 IATA Passenger Ground Service의 내용을 바탕으로 구성되었으며, 최신판 교재나 규정 변경 사항을 참고하여 작성되었습니다.

교재는 지상 직원으로서 필요한 지식과 기술을 체계적으로 제공하며, 실제 업무에 필요한 다양한 사례와 정보를 포함하고 있습니다. 학습자는 이 교재를 통해 공항, 출발 관리시스템, 승객 체크인, 수하물 체크인, 승객에 대한 기본적인 업무 절차, 위험물 규정, 항공 보안 등을 익힐 수 있습니다. 또한, 국제적인 표준 규정을 반영하여 학습자들이 지상 직원의 전문성을 갖추도록 돕고자 합니다.

관련 자격증 정보는 IATA 국제(글로벌) 자격증은 Passenger Ground Service 로, IATA에서 주관하며 영어 시험(캐나다, 몬트리올, 년 6회, 온라인시험)으로 진행됩니다. 민간 자격증은 IATA 공인교육센터에서 주관하며 수시 및 단체 시험(대학이나 교육기관)으로 한국어 시험으로 진행됩니다.

머리말

'이 또한 지나가리라This, Too, Shall Pass'. 20년 넘게 항공사에 근무하면서 이 문장만큼 항공운송산업의 21세기를 설명하는 문장을 본 적이 없다.

20세기 항공운송산업의 발전은 창연했다. 비행기가 발명되었고, 나무와 천으로 만들어진 비행기는 금속 소재로 바뀌었다. 조종사 한 명이 타고 5분도 채 날지 못했던 비행기는 800명이 넘는 승객과 100톤이 넘는 화물을 싣고 지구 반바퀴를 날 수 있게 되었으며, 일부 부유층에게만 허용되었던 항공 여행은 이제 막 입사한 신입사원도 가능하게 되었다. 그러나 이 또한 지나가는 영광의 시간이었다.

21세기의 항공운송산업은 위기의 연속이었다. 2001년 9.11 사태로 항공운송산업은 지난 100년의 것보다 더 큰 변화를 겪었다. 모든 것이 혼란이었다. 20세기의 항공운송산업의 영광이 이제 다른 세기로 저무는 것 같았다. 그러나 이 또한 지나가는 고통의 시간이었다.

9.11 사태를 극복하며 갖게 된 항공운송산업의 위기 대응 능력은 이후 신종 플루, SARS, 메르스, 세계 금융위기 등을 이겨낼 수 있는 백신이 되었다. 그렇게 9.11 이후 21세기 초반의 항공운송산업은 발전된 위기대응능력을 바탕으로 지난 세기에 비해 운송량 기준 2배 이상 발전하였다. 특히 저비용항공사가 전 세계적으로 일반화되면서 수많은 항공사가 설립되었고, 이제 누구나 저렴한 운임으로 항공 여행을 할 수 있는 시대가 되었다. 지난 세기 항공운송산업의 창연한 발전의 시대가 다시 도래하는 것 같았다. 그러나 이 또한 지나가는 재건의 시간이었다.

코로나-19의 창궐은 항공운송산업에 정말 어려운 시간이었다. 많은 항공사들이 문을 닫았고, 살아남은 항공사들도 각국 정부의 지원으로 생존할 수 있었다. 공항에는 승객이 없고, 항공사는 얼마라도 벌기 위해 여객기 승객 좌석에 화물을 싣고 비행해야 했다. 정말 길고 끝이 보이지 않는 시간이었다. 그러나 이 또한 지나가는 고난의 시간이었다.

2024년 현재, 전 세계 항공 운송량은 코로나-19 발발 이전의 수치를 회복했고, 이제 많은 항공사들이 다시 신입사원을 뽑고 있다. 다시 항공운송산업 재건의 시간이 돌아왔고, 항공운송산업 진출을 원하는 모든 독자들은 코로나-19 시기에 학교를 졸업하고 사회에 나온 선배들보다 더 많은 관련 기업 진출의 기회를 얻을 수 있을 것이다.

　　본 교재는 항공운송산업 재건의 시기에 관련 기업에 진출하고자 하는 독자들이 항공운송산업 전반에 대한 이해와 관련 업무의 간접 체험을 목표로 저술되었다. 특히 저자 일동이 항공운송산업 전반에서 경험한 현장 지식이 본서 전반에 함축되어 있어, 독자들이 본 교재로 학습한다면, 현업에 진출했을 때 업무를 원활히 수행할 수 있는 통찰력과 지식을 가지게 될 것이다.

　　지금은 분명 항공운송산업의 영광의 시기이다. 그러나 이 또한 지나가는 시간일 뿐이다. 우리 저자들은 본 교재를 통해 독자들이 영광의 시기에 자신을 발전시키고, 고난의 시기에 자신을 지킬 수 있는 자신감을 가지게 될 것이라고 자부한다. 감사합니다.

2024년 8월

저자

차례

제1장

공항과 항공 지상 운영

① 지상직원

1) 항공기

지상직원은 공항에서 승객 탑승 지원과 수하물 서비스 등 다양한 업무를 수행한다. 이들은 다른 팀과 협력하여 안전하고 효율적인 운영에 기여한다. 따라서 지상직원은 공항과 항공사 지상 운영 방법뿐만 아니라 다른 직원들과의 협력 방법을 이해해야 한다. 지상직원과 협력하는 직원들은 다음과 같다.

- 승객 탑승 지원 직원
- 항공기 정비 직원
- 운항 승무원, 객실 승무원, 여객 터미널과 사무실 직원 등을 포함한 항공사 직원
- 공항 내 상업 시설 직원
- 항공 지원 시설 직원
- 정부 관련 기관 직원

지상직원은 승객과 수하물 운송에 필요한 국제 규정을 숙지하고, 이를 언제 적용해야 하는지 알아야 한다. 지상직원을 고용 및 관리하는 항공사와 조업사는 지상직원이 완벽하게 업무를 수행하도록 회사의 절차 및 국가 규정을 추가로 교육한다. 지상직원의 성공적인 업무 수행에 영향을 미치는 요소는 다음과 같다.

- 승객과 수하물 처리 과정의 빠른 기술 변화와 대형 항공기 도입
- 이용 승객과 공항 증가
- 고객이 기대하는 공항 환경과 서비스 개선을 위한 항공 자산과 서비스의 상용화 증가
- 고객 편의를 위한 새로운 기술 시행
- 끊임없이 발생하는 테러에 대항하기 위한 국제 항공 보안 방안 개발

- 민간, 군사, 일반 항공의 영공 및 시설 공유
- 신규 저비용 항공사 진입에 따른 항공 여행의 경제성 향상

2 공항

1) 공항의 기능

공항은 항공운송시스템의 필수 요소이다. 공항 운영에는 공항 관리, 경찰, 세관, 출입국관리사무소, 보안, 지상 관리, 지상관제와 같은 승객, 수하물, 화물, 우편물의 흐름을 안전하고 원활하게 지원하는 다양한 분야의 직원이 필요하다. 민간 항공사는 항공산업이 직면한 요구와 도전에 신속하게 대처해야 한다.

항공 운송 산업의 4가지 주요 요소는 공항, 항공사, 공중항법서비스, 규제기관이다. 모든 요소는 독립적이지만 협력이 필요하다. 항공산업의 치열한 경쟁 속에서 새로운 규격의 항공기 도입, 보안 위협, 비용 절감, 고객의 요구 증가와 같은 어려움이 있지만 공항은 항공사와 승객의 만족도를 높이기 위해 더욱 새로운 모습을 보여야 한다.

공항의 역할은 다음과 같다.

- 주요 국제공항은 다양한 지역을 연결하는 국제 및 국내 서비스를 제공한다.
- 주요 지역공항은 공항 환승을 포함한 단거리 국제 및 국내 서비스를 제공한다.
- 소규모 지역공항은 지역 항공 연계 서비스, 전세 항공 및 일반 항공을 위한 시설을 제공한다.
- 일반적인 공항은 상업적 항공 운송이나 항공기 업무보다는 항공 운항 자체에 목적을 둔다.

공항의 출국 게이트 밖은 일반인이 출입할 수 있는 지역이다. 출국 게이트 안쪽은 공항 관계자나 보안 허가를 가진 사람, 탑승권을 소지한 승객만 접근할 수 있다. 체크인 지역은 출국 게이트 바깥쪽, 랜드사이드에 있고, 탑승 게이트는 에어사이드(출국 게이트 안쪽)에 있다. 지상직원은 랜드사이드와 에어사이드 지역 모두에서 업무를 수행한다.

2) 공항의 주요 고객과 제공서비스

항공사는 공항 운영의 성공과 이윤을 결정하는 주요 고객이다. 항공사는 전 세계 승객과 화물 운송을 담당하는 다국적 사업을 운영한다. 넓은 항공기, 빠른 운항, 다양한 서비스, 여행객에게 매력적인 비용을 바탕으로 중요한 여행 수단이 되었다. 항공을 이용한 화물 운송과 수출입이 빠르게 처리되어 항공 운송은 국제무역에서 중요한 수단이 되었다. 항공사가 공항에서 필요한 6가지 주요 서비스는 다음과 같다.

- 승객 핸들링 : 승객과 수하물 체크인, 탑승 관련 업무
- 화물 핸들링 : 화물을 싣고 내리는 과정
- 케이터링 서비스 : 항공기 안에서 음식을 제공하는 서비스
- 지상 핸들링 서비스 : 항공기가 착륙해 있는 동안 이루어지는 서비스로 항공기의 청소와 수하물 핸들링
- 보안 서비스 : 승객과 승객 수하물의 보안을 위한 서비스
- 항공기 정비 : 항공기 유지 보수 및 정비 서비스

다양한 사람과 업체가 협력하여 이 서비스를 제공한다. 각각의 사람이 특정 업무를 담당하지만, 다른 사람과의 협조와 지원 없이는 업무 수행이 불가능하다. 지상직원은 항공기가 이륙 준비를 마칠 때까지 이들과 연계 업무를 수행한다.

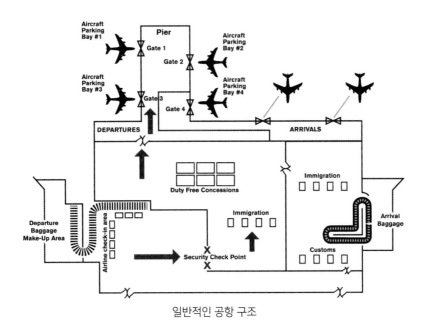

일반적인 공항 구조

3) 공항의 주요 구성

지상직원은 공항 내 주요 관련 직원들의 역할과 업무를 이해하고 상호작용해야 한다. 상호작용이 필요한 담당자는 정부 규제기관, 법 집행과 보안 서비스 관련 정부 직원, 국제 규제조직, 항공사 및 공항의 소유자와 운영자, 항공화물 운송업자와 우편서비스 담당자, 승무원, 항공사 지상직원과 조업사 직원, 협력업체이다.

(1) 정부 규제기관

정부는 공항의 주요 이해관계자이며, 정부의 지원 없이 항공사는 다른 국가를 왕래할 수 없다. 국책항공사가 없으면 관광산업 등 다양한 산업에 부정적 영향을 미칠 수 있다. 주력 항공사가 다른 국가에서 운영되도록 양자 계약에 사인하는 것이 필수적이다. 정부는 주요 공항과 공공 기반 시설을 운영하고 소유했으나, 상업 여객기의 규제 완화와 민영화로 모든 주주에게 이익을 가져왔다. 정부는 효율적 규제와 정책을 통해 공항 운영을 최선으로 이끌어야 하며, ICAO의 국제협약을 이행하고 모니터링해야 한다.

(2) 정부 직원

국가는 공항의 보안프로그램과 국내 치안법 적용에 대한 책임이 있다. 법 집행과 보안을 책임지며, 담당자가 위협과 위반 사항에 대처할 수 있도록 지원한다. 어떤 국가는 군대에 의존하거나 군대와 민간 치안유지 활동을 결합하여 운영한다. 정부는 입국, 세관, 검역, 승객 보안 검색, 화물 핸들링, 공항 안전과 항공교통관리 서비스를 지원하며 간접적으로 치안유지 활동을 한다. 민간 부분의 참여와 정부 자원을 결합하여 서비스를 제공하기도 한다. 민간 항공 운항으로의 전환은 정부가 민간 부분에 책임을 지도록 하는 것이다.

(3) 국제 규제조직

ICAO는 공항에 상주하지 않지만, 국제기구로서 권한을 가지며, 안전 및 보안 표준 설정과 모니터링을 담당한다. 각국 정부는 부속서 17에 따라 ICAO의 요구에 맞는 국가보안프로그램과 전략을 설정해야 한다.

(4) 항공사

공항의 가장 중요한 고객인 항공사는 해당 지역의 안전과 보안 기준에 맞추어 사업을 운영한다. 항공사와 공항의 민영화로 인해 사업자에게는 수익성과 규정 준수 간의 균형을 맞추는 것이 중요한 사안이다.

(5) 공항 소유자와 운영자

공항은 정부 기관이나 민간 기업이 운영하며, 소유자와 운영자는 공항 관리에 중요한 역할을 한다. 지상직원은 소유자와 운영자가 직면한 5가지 도전 과제를 이해해야 한다.

① 공항의 사설화 추세로 이익과 양질의 서비스 균형이 필요하다.
② 새로운 국제공항 개항으로 여행 비용이 저렴해졌다.
③ 공항 확장과 개발을 위해 내부 재구성이 필요하다.
④ 항공편과 승객 증가로 관련 규정을 표준화해야 한다.

⑤ 승객, 항공화물, 일반 항공 서비스의 안전과 보안을 분리하고 통합된 규정이 필요하다.

(6) 항공화물 운송자

항공화물 서비스 관리는 승객, 공항, 항공사 서비스 관리와 마찬가지로 중요하다. 화물의 항공 탑재는 위탁 수하물, 자체 운송 화물, 항공우편으로 분류한다.

(7) 승무원

공항의 관점에서 승무원과 승객은 동일하며, 둘 다 항공기 안전 책임이 있다. 승무원의 안전과 보안을 여행객과 동일시하여, 수하물 체크인 시 보안 검색 과정을 거친다. 승무원과 승객은 보안 검색이 중요함을 인지하고 협조한다. 운항승무원과 객실승무원은 테러, 납치, 무례한 승객, 의심 수하물 등에 대해 엄격한 규제를 따른다.

싱가포르항공의 객실승무원

(8) 항공사 지상조업사 직원

지상조업사 직원은 엔지니어, 유지·보수 담당자, 연료 급유 담당자, 케이터링 담당자, 청소업자, 운전사, 수하물 담당자, 우편 및 화물 담당자, 사전 탑승 담당 승무원, 보안 직원으로, 항공사를 위해 지상에서의 모든 영역을 지원한다. 이들은 랜드사이드와 에어사이드 모두 출입할 수 있으며, 업무 대부분은 항공기 주변이나 내부에서 수행된다.

지상조업사 직원들

(9) 협력업체

많은 사람들이 물건 배달, 건물 및 시설 관리, 상점 점원, 은행 직원, 관광가이드, 보안팀, 현금 운송, 버스나 택시 운전을 위해 공항을 출입한다. 협력업체 근무자는 주로 랜드사이드에서 업무를 수행하지만, 일부는 랜드사이드와 에어사이드 모두에서 서비스를 제공하거나 에어사이드에서 업무를 수행한다.

3 항공사의 지상 운영 요구사항

항공사는 공항의 주요 이용객이며, 공항, 지상조업사와 함께 운영 활동의 안전을 보장하는 것을 주요 관심사로 한다. 시간 엄수는 안전 및 보안과 밀접한 관련이 있다. 공항의 기반 시설은 모든 항공사의 요구에 맞춰야 한다. 항공사는 승객 핸들링, 램프 서비스, 수하물 관리, 통신 및 운항 서비스, 화물 및 우편서비스, 지원 서비스, 보안 서비스, 유지보수 및 정비 서비스 등 7가지 주요 영역에서 서비스를 제공하기 위해 핵심 기반시설이 필요하다.

(1) 승객 핸들링 서비스

항공사의 운영 요건을 충족하기 위해 지상 서비스 제공자(GSPs)는 다양한 지상 핸들링 서비스를 제공한다. 승객 서비스는 주요 지상 핸들링 기능 중 하나이며, ISAGO는 그 책임 범위를 정의한다. 승객 관리를 위해 지상직원은 항공권 예약, 공항 도착, 탑승 전 절차를 알아야 한다.

승객 핸들링 서비스

- 항공권 예약 : 전자상거래, 예약, 서비스 센터, 판매 사무실·대리점, 전자 발행
- 공항 도착 : 운항정보표출시스템, 체크인, 소요 시간, 라운지 이용
- 탑승 전 과정 : 게이트 정보, 탑승 게이트 편의시설, 게이트, 탑승, 항공기로 수하물 전달
- 특별서비스 : 보호자가 없는 미성년자, 장애인, VIP, 비자 없이 경유하는 승객, 추방된 승객, 특별한 의료 장비가 필요한 승객 등

(2) 램프 서비스

램프 서비스는 항공기 이륙 전에 제공하는 필수 서비스를 의미하며, 조업사가 항공사와 계약을 맺고 서비스를 제공한다.

에어사이드 램프 서비스

(3) 로드 컨트롤, 통신 및 운항 서비스

로드 컨트롤, 지상 및 항공기 조종실 간 통신, 이륙을 위한 비행 운영, 승무원 관리와 항공기 준비가 포함된다. 이러한 서비스는 일반적으로 항공사와 계약을 맺은 지상조업사가 제공한다.

(4) 화물 및 우편서비스

화물 및 우편서비스는 항공사의 중요한 운영 요구사항으로, 항공기 이륙 전에 화물과 우편물을 적재한다. 이 서비스는 항공사가 지정 계약한 지상조업사가 수행한다.

(5) 지원 서비스

지원 서비스는 운송업자, 물류 팀, 청소 용역, 식음료 제공팀을 위한 숙박 제공과 특별식 요청 업무를 포함한다.

(6) 보안 서비스

보안 검색Security Services은 항공 운영의 중
요한 부분으로, 공항의 사법기관이나 사설
보안업체가 제공한다. 승객과 수하물의 선
별은 터미널 진입 시부터 시작하며, 보안
작업에는 승객 및 수하물 검색, 화물 및 우
편물 보안, 식음료 보안 등이 포함된다.

공항 보안 서비스

(7) 유지보수 및 정비 서비스

항공기가 착륙해 있을 때 유지보수 및 정비 서비스가 필요하며, 이 서비스에는
재급유, 연료 제거, 항공기 유지 작업이 포함된다. 일반적으로 항공사와 계약을 맺
은 조업사나 정비회사가 이 업무를 수행한다.

④ 관련 규정

항공사 또는 계약된 조업사는 공항에서 지상직원을 고용하며, 이들은 국제 및
국내 규정을 준수해야 한다. 이 규정에는 ICAO, IATA, TSATransportation Security
Administration(미국 교통 보안청), 유럽연합 규정이 포함되며, 국내 규정과 항공사 자체
규정도 따라야 한다. 지상직원은 규정을 이해하기 전에 규정을 만든 ICAO, IATA,
정부와 항공사의 역할을 먼저 이해해야 한다.

1) 항공 규정 제정 기관

(1) ICAO(국제민간항공기구)

ICAO는 UN 산하 기관으로 1944년에 설립되었다.
초기 역할은 항공 여행 안전을 위한 항공법 개발과 실

행 및 감독이었으나, 항공보안 역할도 추가되었다. ICAO는 19개 부속서를 통해 공항 운영의 특정 영역에 대한 표준 및 권유지침(SARPs Standards and Recommended Practices)을 규정한다. 표준은 의무적이며, 권유지침은 가능하면 준수해야 한다. SARPs는 공항과 공항 직원, 항공사가 이행해야 한다. 항공사 감독은 각 국가의 민간항공국이 담당한다.

(2) IATA (국제항공운송협회)

IATA International Air Transport Association는 1945년 쿠바 하바나에서 설립된 국제 민간항공사 단체이다. 주요 목표는 안전하고 경제적인 항공 서비스를 위한 항공사 간 협조이다. IATA는 31개국의 57개 회원사로 시작해 오늘날 300여 개 회원으로 구성되어 있다. IATA는 SARPs 이행을 돕기 위해 지침자료와 IATA 표준 및 권유지침(ISRP IATA Standards and Recommended Practices) 개발하였다.

IATA는 항공사의 절차를 단순화하고 비용 절감과 효율성 개선을 목표로 한다. IATA는 ICAO 및 국제공항협의회(ACI Airports Council International)와 협력하여 비용 절감과 효율성 개선을 위해 노력한다. 지상직원은 IATA의 지침에 따라 승객을 처리해야 한다.

(3) 정부

ICAO 회원국은 SARPs를 적용하는 법률 지침을 만들어 국회에서 승인한다. 회원국은 자국의 환경과 위험성에 따라 ICAO 규제보다 강화된 항공 안전과 보안 사항을 만들 수 있다. 지상직원은 항공기가 운영되는 국가와 지역의 법률을 알아야 한다.

(4) 미국과 유럽연합

미국과 유럽연합은 국외로 비행하는 항공사를 위해 추가적인 안전 및 보안 규정을 적용하고 있다. 9/11 사건 이후, 테러 행위로부터 항공 여행을 보호하기 위해 ICAO, IATA, 미국과 유럽의 규제에 많은 변화가 있었다. 지상직원은 미국이나 유럽에서 운항할 때 충족해야 하는 추가 규정을 숙지해야 한다.

2) IATA 표준 규정

지상직원은 승객 핸들링 서비스와 관련된 국제, 국내, 항공사 규제 기준을 숙지해야 한다. IATA 표준은 IATA 공식 매뉴얼로 발행되며, 지상직원은 업무나 훈련 중에 이를 참고할 수 있다.

(1) PSCRM(Passenger Services Conference Resolutions Manual)

PSCRM은 승객 서비스에 대한 협의 결의안과 권유 지침을 알리기 위한 매뉴얼이다. 매뉴얼 파트 1은 결의안을, 파트 2는 권유지침을 수록하고 있다. 주요 결의안에는 특별 지원서비스, 허용 불가 승객, 항공권과 수하물 확인, 자동화와 전자항공권, 수하물 보안 관리, 연결 항공편의 수하물 태그, 승객 수하물 안의 위험물과 총기 허용 규정 등이 포함된다.

(2) BRM(Baggage Reference Manual)

지상직원은 IATA 수하물 서비스 매뉴얼(BRM)을 숙지해야 한다. 이 매뉴얼은 실제 수하물 처리 과정을 이해하는 데 중요한 자료이다. 관련된 사항에는 수하물 허용, 보안, 취급, 지연 및 분실 수하물 추적, 불만 처리, 전달, 손실, 분실, 도난, 손상된 수하물 등이 포함된다.

(3) ISAGO(The IATA Safety Audit for Ground Operations Standards Manual)

ISAGO 표준 매뉴얼에는 지상핸들링서비스 관리 및 제어 시스템을 평가하기 위한 표준 및 권유지침이 포함되어 있다. IATA 감사관은 허가 및 등록된 지상핸들링 업체가 이 지침을 지키는지 감사를 한다. 주요 내용은 조직과 관리, 로드컨트롤, 승객과 수하물 핸들링, 항공기 핸들링과 탑재, 지상 업무, 화물과 우편물 핸들링이다.

(4) AHM(Airport Handling Manual)

공항 핸들링 매뉴얼(AHM)은 공항에서 근무하는 지상직원이 알아야 하는 중요한 매뉴얼이다. 이 매뉴얼은 IATA가 제작하며, 항공사의 다양한 서비스 제공을 위해 계약을 맺은 지상 조업사가 사용한다. AHM은 고객 핸들링, 램프 핸들링, 로드컨트롤과 운영, 화물 및 우편물에 대한 지침을 제공하며, PSCRM을 보완한다. 주요 절차로는 출국금지 승객 및 추방된 승객(AHM 120), 거동이 불편한 고객 핸들링(AHM 176), 전염성 질병이 있는 승객 운송(AHM 180)이 있다.

01 공항 운영자와 소유자가 직면하는 도전 과제가 아닌 것은 무엇인가?

A. 사설화 추세로 이익과 양질의 서비스 균형 필요
B. 새로운 국제 공항 개항으로 여행 비용 저렴해짐
C. 항공편과 승객 증가로 규정 일치 필요
D. 항공기 연료 가격 관리

02 항공사와 계약을 맺은 지상 조업사가 제공하는 서비스가 아닌 것은 무엇인가?

A. 로드 컨트롤
B. 화물 및 우편 서비스
C. 보안 검색
D. 유지보수 및 정비 서비스

03 PSCRM(Passenger Services Conference Resolutions Manual)의 주요 결의안에 포함되지 않는 것은 무엇인가?

A. 특별 지원서비스
B. 허용 불가 승객
C. 항공기 유지보수 절차
D. 수하물 보안 관리

04 지상직원이 지상핸들링서비스 관리 및 제어 시스템을 평가하기 위한 표준 및 권유지침을 포함하는 매뉴얼은 무엇인가?

A. PSCRM
B. BSM
C. AHM
D. ISAGO

정답과 해설

번호	정답	해설
01	D	항공기 연료 가격 관리는 공항 운영자와 소유자가 직면하는 도전 과제에 포함되지 않는다.
02	C	보안 검색은 공항의 사법기관이나 사설 보안업체가 제공하며, 지상 조업사가 제공하지 않는다.
03	C	항공기 유지보수 절차는 PSCRM의 주요 결의안에 포함되지 않는다.
04	D	ISAGO(The IATA Safety Audit for Ground Operations Standards Manual)는 지상핸들링서비스 관리 및 제어 시스템을 평가하기 위한 표준 및 권유지침을 포함한 매뉴얼이다.

제2장

컴퓨터 예약 및
출발 관리 시스템

① 컴퓨터 예약 시스템

1) CRS의 이해

기술의 발전으로 항공권을 인터넷으로 쉽게 예약하고 구매할 수 있는 시대가 되었다. CRS^{Computer Reservations Systems}는 GDS^{Global Distribution System}와 연계하여 항공사의 예약 시스템을 지원한다. CRS는 항공권 블록, 예약, 취소, 재예약 등 항공권 예약과 관련된 거래를 지원하는 소프트웨어이다. CRS의 장점은 반복 업무 최소화, 예약 일관성 유지, 비상 시 고객 정보 관리, 수익 극대화 등을 포함한다. 항공사는 고객 프로파일을 이용해 더 나은 서비스를 제공하고, 비행 경로를 계획하며, 타깃 마케팅을 할 수 있다.

과거에는 공항과 항공사가 자체 예약 시스템을 사용했지만, 현재는 GDS 회사들이 항공사와 여행사를 위해 시스템을 제공한다. 주요 시스템으로는 아마데우스^{Amadeus}, 트래블포트^{Travelport}, 세이버^{Sabre}가 있다. 지상직원은 이러한 시스템 사용 방법에 대한 교육이 필요할 수 있다.

초기 항공사의 항공 예약 업무

2) CRS의 기능적 요구

(1) 기능적 요구

공항이나 항공사에서는 다양한 CRS와 GDS를 사용하므로 지상직원은 이러한 시스템이 어떻게 작용하는지를 기본적으로 이해할 필요가 있다. 시스템 사용에 대한 교육은 지상직원을 고용하는 공항이나 항공사가 제공한다. 승객이나 지상직원이 예약 시스템을 이용할 때, 손님인지 또는 등록된 사용자인지를 선택하고, 좌석과 항공권을 조회만 할 것인지 또는 예약하거나 구매할 것인지를 선택해야 한다.

항공권 여정, 가격 및 비행 일정을 확인

항공사 시스템을 이용한 경험이 있는 사용자는 등록된 아이디와 비밀번호를 이미 가지고 있으며, 개인정보나 프로파일은 사용자 데이터베이스에 "등록된 사용자"로 저장되어 있다. 등록된 사용자는 시스템에 로그인하여 남아있는 좌석을 확인하고 예약·구매할 수 있다.

(2) 사용자의 CRS 사용

새로운 사용자는 다음과 같이 진행된다(예, 여행사 등).

- 일반적으로 여행사는 CRS 회사에 회원가입 후 승인을 받아야 예약 가능한 좌석을 확인할 수 있다. 그러나 좌석을 예약하거나 구매하려면 항공사로부터 추가 승인이 필요하다. "예약 가능한 좌석" 정보에는 선택한 날짜, 항공기 일정, 항공권 가격, 할인 정보가 포함되어 있다. 현재 예약 방식에서는 실시간으로 좌석 정보를 확인할 수 있지만, 항공권을 구매할 때 항공사의 승인이 있어야 좌석이 확정되고 결제가 완료된다.

CRS에서 항공권 예약이 가능한 날짜를 확인하는 것 이외에 거래 사항을 처리해야 하기 때문에 사용자가 다음과 같은 정보를 기재한다(사용자 아이디, 비밀번호, 이름, 성, 주소, 전화번호, 이메일 주소, 성별, 나이, 이용할 신용카드 번호). 시스템에 로그인(지상직원, 등록된 사용자, 게스트)을 한 후에 출발 도시와 도착 도시를 기재한다. "도시"는 일반적인 도시City나 소도시Town를 언급하는 용어이다. 시스템은 사용자에게 탑승 클래스, 편도 또는 왕복, 출발일을 포함한 탑승 날짜, 성인 승객·어린이 및 유아 인원 수 정보 등을 입력하도록 요청한다.

국내 CRS(GDS) 서비스 제공 글로벌 회사

(3) 클래스 선택

클래스는 일등석First Class, 비즈니스석Business Class, 일반석Economy Class을 의미한다.

> • 편도(One Way) 및 왕복(Round Trip) 항공권 선택은 선택 항목에서 고르거나 박스 체크 옵션에서 선택할 수 있다.
> • "출발일"은 화면의 달력 메뉴에서 고정 날짜나 여러 변동 날짜를 선택할 수 있다. 이 메뉴에는 이미 지난 날짜나 너무 앞선 날짜는 나타나지 않는다. 왕복 항공권을 선택할 경우에는 사용자가 시스템에서 돌아오는 날짜를 지정해야 한다.

다음으로 시스템은 오류가 있는 정보를 확인한다(예 돌아오는 날짜가 출발일보다 빠른 경우). 문제가 있는 경우에 시스템은 에러 메시지를 화면상에 보여주며, 사용자에게 정보를 수정하여 입력하도록 한다. 시스템은 지리 데이터베이스와 항공기 운항 일정 데이터베이스를 이용하여 사용자가 기재한 도시명이 확실한지 확인한다.

사용자가 기재한 도시명과 중복되는 이름의 도시가 있을 시, 시스템은 중복되는 모든 도시의 목록을 세부 사항과 함께 보여주며, 사용자에게 하나를 선택하도록 요청한다. 만약에 출발이나 도착하는 도시가 지리 데이터베이스에서 항공사의 운항 항로로 존재하지 않을 때는 운항 가능한 가장 가까운 도시와 두 도시 간의 거리를 동시에 보여준다.

(4) 출발지와 도착지 확인

출발지와 도착지가 정해지면, 시스템은 일정 데이터베이스와 비행 운항 일정 데이터베이스를 연결하여 두 도시 간의 직항 서비스가 있는지를 확인한다. 직항이 불가능하면, 시스템은 운항 경로 선택 옵션을 사용하여 가능한 경로와 경유 지점을 제시한다.

사용자가 경로를 선택할 시, 시스템은 중간 경유 지점을 선택하여 사용자를 위한 다수의 여행 일정을 만들어 보여준다. 다음으로 시스템은 일정 데이터베이스를 이용하여 사용자가 제공한 입력 사항들을 다시 불러온다.

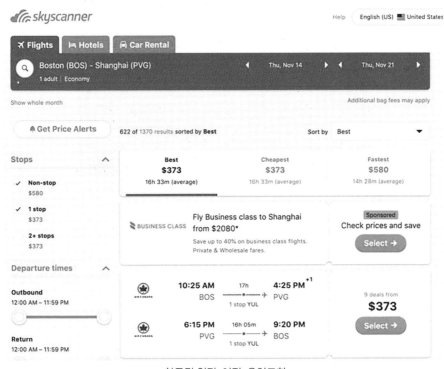

항공권 일정, 여정, 운임조회

(5) 예약 정보 확인

시스템은 예약 데이터베이스를 다시 불러와 스케줄의 어떤 항공편 좌석이 유효한지 확인한다. 시스템은 각 항공기에 대한 항공편(번호), 출발 시각(출발 도시 기준), 도착 시각(도착 도시 기준), 비행 시간(표준시 변경 고려), 예약 가능 좌석 수에 대한 정보를 표 형식으로 나타낸다. 또한, 시스템은 다음과 같은 변동 사항을 고려하여 정보를 제공한다.

- 사용자가 출발을 원하는 특정일에 여러 항공편이 있으면, 가능한 모든 항공편 정보가 나타난다.
- 사용자가 왕복 여행을 요청하면, 시스템에는 여행 출발 및 돌아올 때 관련된 옵션이 각각 나타난다.

```
BDJVNG
 1.1KIM/SARAM MR
 1 OZ 741Y 20JUN 1 ICNBKK HK1  1830  2205  /DCOZ*6FBZVH /E
 2 OZ 742Y 30JUN 4 BKKICN HK1  2355  0730   01JUL 5
                                            /DCOZ*6FBZVH /E
TKT/TIME LIMIT
  1.TAW/
PHONES
  1.SELT*02-2127-0000 ABC TRVL
  2.SELM*010-1234-5678 PAX1
PASSENGER DETAIL FIELD EXISTS - USE PD TO DISPLAY
GENERAL FACTS
  1.SSR OTHS 1B MISSING SSR CTCM MOBILE OR SSR CTCE EMAIL OR SS
    R CTCR NON-CONSENT FOR OZ
  2.SSR OTHS 1B OZ RSVN IS 5624-0683
  3.SSR ADTK 1B TO OZ BY 03MAR 1900 SEL TIME ZONE OTHERWISE WIL
    L BE XLD
RECEIVED FROM - P
Z0F8.Z0F8*A3L 1934/16FEB22 BDJVNG H
```

항공 예약 작성 화면

사용자는 항공편과 출발 및 도착 시각을 선택하여 일정을 선택하며, 왕복 여행의 경우에는 돌아올 때도 이와 같이 선택한다. 다음으로 시스템에는 항공편 가격이 나타난다. 사용자가 여러 명의 항공권을 예약할 때에는 전체 승객 항공권의 합산 가격이 시스템에 나타난다.

3) 항공권 예약과 블록항공권

항공사는 사용자가 항공기 일정에 따른 예약 가능 좌석을 조회한 후 즉시 좌석을 예약하거나 일정 기간 동안 요금 없이 좌석을 블록할 수 있는 옵션을 제공한다. 블록킹 기간과 요금은 항공사마다 다르다.

게스트는 먼저 시스템에 로그인 정보를 등록해야 한다. 등록된 사용자는 예약 구매가 가능하지만, 게스트는 먼저 로그인해야 한다. 사용자가 기재한 정보를 바탕으로 시스템은 예약 데이터베이스를 업데이트한다. 시스템은 요청한 항공권 수만큼 예약 가능한 좌석 수를 줄이고, 블록된 항공권과 등록 번호를 데이터베이스에 표시하여 사용자가 기록할 수 있도록 한다.

항공권을 구매할 때 시스템은 사용자 프로파일을 열어 신용카드로 결제한다. 동시에 확인 번호가 화면에 표시되어 항공권 예약이 완료된다. 항공사 회원인 승객은 자동으로 마일리지가 적립되며, 게스트는 회원 가입 옵션을 선택할 수 있다.

4) CRS의 예약변경 및 취소

사용자는 시스템에서 여행 일정을 변경할 수 있다. 로그인하여 확인 번호를 입력한 후, 항공권의 예약을 변경할 수 있다. 시스템은 예약 데이터베이스를 불러와 사용자에게 출발 도시, 도착 도시, 출발일, 도착일(왕복 항공권일 경우) 등의 여행 상세 일정을 보여준다. 사용자는 달력 메뉴에서 새로운 날짜를 선택하고, 초기 여행 일정 준비 과정을 다시 거쳐 예약할 수 있다. 원하는 날짜에 가능한 항공권이 없으면 항공권 변경이 불가능하다는 메시지가 나타난다. 항공권이 구매 가능하면 사용자는 항공편을 선택하고, 데이터베이스를 업데이트한다. 시스템은 예약 데이터베이스를 열어 변경된 일정의 여행자 수만큼 새로 예약된 항공기 유효 좌석 수를 조정한다. 시스템은 항공권 가격 차이를 확인하고 가격이 다를 경우 사용자 데이터베이스를 열어 신용 카드에 그 차이만큼 청구하거나 환불한다. 시스템은 새로 만든 확인 번호를 화면에 나타낸다.

사용자는 시스템에서 예약한 항공권이나 블록 항공권을 취소할 수 있다. 블록 항공권의 취소는 여행사와 항공사간의 취소 규정을 따르며, 취소 승인 후 사용자가 로그인하여 블록 번호를 요청하고 예약을 취소하면, 시스템은 예약 데이터베이스에 접근하여 취소된 좌석 수만큼 이용 가능 좌석 수를 증가시킨다. 예약한 항공권을 취소할 때는 예약 번호를 입력한다. 예약 번호가 확인되면 시스템은 예약 데이터베이스를 열어 여행 상세 일정을 보여준다. 구매 날짜, 출발일에 따른 항공권 취소와 관련된 운송 조항이 나타나며, 사용자가 구매 취소 시에 환불 가능 금액을

확인할 수 있다. 구매를 취소한 후에 시스템은 구매 취소 번호를 화면에 나타내고, 예약 데이터베이스를 열어 좌석 수만큼 유효 항공권 수를 늘린다. 사용자 데이터베이스를 열어 신용카드 사용 금액을 환불하고 사용자 프로파일에 있는 항공 마일리지 적립을 삭제한다.

사용자는 시스템에서 자신의 프로파일을 언제든지 업데이트할 수 있으며, 주소·전화번호·신용카드 번호를 포함한 여러 사항을 변경할 수 있다. 사용자는 시스템에서 자신의 여행 정보를 확인할 수 있다. 로그인하면, 시스템은 블로킹 번호나 확인 번호를 물어본다. 예약 데이터베이스를 열어 여정을 편리하게 보여주며, 비행 출·도착 시각 변경 등 모든 변경 사항을 표시한다. 시스템에서는 모든 사용자(등록 또는 미등록)가 항공편 번호와 날짜를 입력하면 항공기 출발 시각과 도착 시각에 대한 상세 정보를 볼 수 있다. 시스템은 일정 데이터베이스를 열어 도착 및 출발 시각을 표시한다.

5) CRS의 시스템 요구 사항

CRS의 응답 시간은 대부분 2초 이내로, 시스템이 데이터베이스에 접근하여 요청하고 전송하는 대기 시간을 포함한다. CRS는 초당 1000가지 사항을 처리할 수 있으며, 사용자 수나 항공기 일정 데이터의 증가에도 응답 시간이 느려지지 않도록 설계되었다. CRS는 24시간 사용 가능하며, 항공기 일정에 관한 실시간 정보를 항상 제공한다. 높은 안정성과 내구성을 자랑하며, 잘못된 입력에도 시스템 충돌 없이 에러 메시지를 제공한다. 이는 하드웨어 장애, 전원 장애, 자연재해로부터 데이터베이스를 복구하여 마지막 유효 상태로 복원할 수 있다.

CRS는 다른 예약 시스템과 유사하며, 사용이 쉬운 그래픽 인터페이스를 지원해 사용자 친화적이다. 메뉴와 선택 사항은 이해하기 쉬우며, 공지 사항과 에러 메시지는 명확하고 간결하며 세련된 표현으로 제공된다. 시스템 운영자만이 가격 정책 등 시스템 변수를 변경할 권한이 있다. 시스템은 데이터베이스 보호를 위해 암호화 체계를 사용하며, 사용자가 개인정보에 접근할 때 인증 절차를 거친다. 고객이 예

약, 확인, 취소를 지상직원을 통해 처리할 때 지상직원은 CRS 작업을 수행해야
한다.

2 출발 관리 시스템

1) 체크인과 탑승 절차

DCS^Departure Control System는 승객 체크인을
위해 사용하는 시스템이다. DCS는 CRS에
연결하여 승객 예약을 확인하고, 필요한 정
보를 기재한 후 탑승권을 발급한다. 또한,
화물 송신과 항공기 중량 배분 최적화에
사용된다. 승객 핸들링 직원은 DCS 기능
에 대해 훈련받으며, 업무 시작 시 항공사
나 공항의 특정 시스템에 대한 교육을 받는다.

체크인 카운터

(1) 체크인

일반적으로 항공기 출발 24시간 전에 모든 고객 이름, 요청된 좌석, 고객의 특
별 요구 사항을 DCS로 보낸다. 체크인의 주요 목적은 승객과 수하물을 확인하고
허가하는 것이다. 셀프체크인의 도입으로 승객은 공항 키오스크를 사용하여 신속
하게 체크인할 수 있다. 이는 대기 시간을 줄이고 공항 운영을 효율화한다. 신속한
체크인 과정은 다음과 같다.

- 승객의 여권 제시와 최종 목적지 확인
- 항공기 좌석 예약서류 제시(예약이 확정된 항공권)
- 승객을 위한 좌석 배정
- 기내식 및 특별식 요청 확인

- 보안 절차(수하물 보안 질의)
- 수하물 체크인 처리, 신용카드를 사용한 수하물 요금 징수(초과 수하물 결제가 있는 경우)
- 탑승권 발급
- 위탁 수하물의 태그 발급(시스템 기능과 업체 절차에 따름)
- 이러한 CUSS(Common User Self Service) 처리 과정에서 지상직원은 CUSS 사용에 익숙하지 않거나 어려움을 겪는 승객들을 도와준다.

(2) CUSS 기능

컴퓨터, 노트북, 스마트폰을 이용한 온라인 체크인이 가능해져 승객은 이메일이나 문자로 탑승권을 받을 수 있다. 일부 항공사는 자동 체크인 옵션을 제공하며, 출발 24시간 전에 전자탑승권을 보낸다. 수하물 스티커가 CUSS에서 프린트되지

않으면, 승객은 수하물을 체크인 카운터로 가져가야 한다. 지상직원은 수하물 태그를 프린트하여 붙이고 수하물을 탑재한다. 많은 공항이 셀프수하물 서비스를 제공하고 있다. DCS에는 TCI$^{Through Check-in}$ 기능이 있어 승객은 전체 여정을 자동으로 체크인하고, 경유지에서 별도의 수속이 필요 없다.

공항 KIOSK

(3) 승인관리

승인 관리에서 DCS는 항공편, 좌석 등급, 목적지별로 좌석 관리를 한다. 우선 탑승 승객 목록을 세분화하여 관리하며, 중량 범주 및 수하물 범주별로 탑승객 수를 계산한다.

(4) 좌석

DCS에서는 좌석을 자동으로 지정할 수 있다. 지상직원은 컴퓨터 화면에서 전체 좌석 모형도를 보고 비상구, 복도, 화장실, 베이 스플릿 위치를 파악하여 좌석 선택을 간단하게 처리할 수 있다.

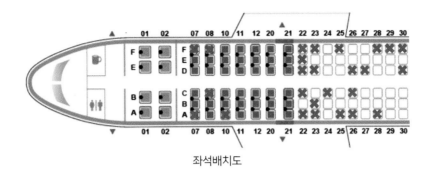

좌석배치도

좌석을 배정하고 탑승권을 발급하면, 지정된 좌석의 색이 바뀌고 유효 좌석 목록에서 삭제된다. 시상직원은 템플릿 가이드에 따라 체크인 과정을 처리하며, 이 과정이 끝나면 탑승권과 수하물 태그가 발행된다.

탑승권   수하물 태그

(5) 탑승권과 수하물

탑승 절차의 목적은 승객과 수하물을 확인하고 여행을 허가하는 것이다. 리컨실링Reconciling은 체크인한 승객이 탑승권을 가지고 탑승 게이트에 도착했을 때, 직원이 탑승 정보와 체크인 정보를 대조하여 승객의 여행을 허가하는 과정이다. 이 과정에서 탑승권 바코드를 스캔해 정확한 항공편과 날짜에 맞는지 확인하고, 좌석 등급, 도착지, 시스템에 기록된 이름과 번호를 대조해 탑승권을 무효화한다.

승객이 다른 항공편에 탑승하려 할 경우, 탑승권 스캐너는 경고음을 내며 경고 메시지를 표시한다. 탑승권 손상으로 판독할 수 없을 때는 지상직원이 직접 승객

을 확인하고 탑승 허가를 한다. 대규모 항
공기는 신속한 탑승을 위해 여러 탑승 게
이트와 스캐너를 사용할 수 있다. 셀프 탑승
시설Self Boarding Facility, Quick Boarding은 DCS와 연
동되어, 탑승객이 탑승권 바코드를 스캔하
면 자동문이 열리고, 데이터가 체크인 시스
템으로 전송된다.

대한항공의 셀프백드랍 수하물 수속 창구

(6) 마감

DCS는 전자식이나 수동식으로 마감을 실행한다. 마감 절차는 특정 좌석 배정,
대기자 탑승, 승객 허가 마감이다. 자동으로 대기자 명단을 취소하고, 승객을 업그
레이드 또는 다운그레이드할 수 있다. 출발 관리 시스템은 대기 승객을 클래스, 도
착지, 우선순위에 따라 표시한다.

(7) 정보 화면과 출력

지상직원은 DCS 체크인 화면에서 예상출발시각(ETDEstimated Time of Departure), 경유
지, 게이트 번호 등 중요한 비행 정보와 기내의 승객 편의시설(식사, 면세 서비스 등)을
확인한다. DCS의 또 다른 특징은 마감 시 완료된 좌석 도면과 함께 승객 정보 목
록을 출력할 수 있는 기능이다.

이 시스템은 소량의 추가 정보나 특별 승객 정보를 탑승 게이트에 보낼 수 있
으며(예 탑승 과정 완료 시 승객의 기내 반입 수하물이 규정에 부합하는지 확인), 지상직원은
탑승 완료를 입력하여 중량 배분 담당 부서와 체크인 팀에 항공기 탑승 완료를
알린다. 이 과정에서 지상직원은 로드컨트롤 담당 직원들과 연계하여 업무를 처
리한다.

2) 매뉴얼 체크인과 탑승 절차

시스템 운영 중단이나 예기치 못한 상황이 발생하면 지상직원은 관리자의 지시에 따라 매뉴얼 체크인과 탑승수속을 진행한다. 이 과정에서 탑승객은 직원의 지시를 따라야 한다. 대부분의 항공사는 직원이 매뉴얼 체크인 절차를 실행할 수 있도록 주기적으로 훈련한다.

항공사 탑승 수속 창구

(1) 탑승 관리자와 탑승 관리직원의 업무

- 항공편과 승객 수를 확인한다.
- 관련 부서(지역 운영 관리 센터, 항공기 운항, 수하물 관리, 경찰, 출입국 관리, 환승 데스크, 로드컨트롤 등)에 통지한다.
- 필요한 추가 인력을 준비한다.
- 모든 직원에게 브리핑하고 업무 계획을 설명한다.
- 각 항공기당 1명의 카운터 관리자를 선임한다.
- 항공기 문을 정시에 닫을 수 있도록 상황을 모니터링한다.
- 매뉴얼 체크인 대비 키트를 준비한다(수동 탑승권, 수동 수하물 태그, 수동 승객 목록 양식, 좌석 차트, PNL(Passenger Name List), PTM(Passenger Transfer Message), 추가 수하물 목록, 마감 서류, 수동 스탬프).
- 지정된 좌석을 좌석 차트에 표시한다.
- 환승 승객의 좌석을 T로 표시한다.
- 탑승권에 항공편 번호, 날짜, 목적지와 일련번호를 기입한다.
- 탑승권을 체크인 지점에 배포하고 할당된 일련번호를 기록한다.
- 승객 목록을 체크인 지점에 배포한다.
- 항공사 직원에게 진행 상황을 알린다.
- 마지막 일련번호와 오프로드 승객의 일련번호를 탑승 게이트 관리자에게 보고한다.
- 체크인한 승객의 수하물 수와 일련번호를 출발 45분 전에 수하물 분리 구역에 보고한다.

- 보딩 게이트에 승객 명단과 좌석 배치도를 보내 대기 승객에게 배정할 수 있도록 준비한다.
- 최종 탑승객 수, 수하물 개수 및 무게를 탑승 게이트와 로드컨트롤에 알린다.

(2) 지상직원의 수행 업무

- PNL과 탑승객 예약을 대조하고 확인한다.
- 위탁 수하물 개수와 무게를 탑승객 명단과 탑승권에 기록한다.
- 일련번호를 수하물 태그와 탑승객 명단에 기록한다.
- PTM 시트에 연결되는 항공편 정보를 기록한다.
- 승객 명부에 추가 정보를 기록한다(FQTV, WCHR, UM, SPML 등).
- 필요시 APIS 목록에 APIS 정보를 기록한다.
- 탑승권을 승객에게 전달한다.
- 초과 수하물 요금을 부과하고 탑승권을 전달한다.
- 업그레이드 승객을 탑승권과 승객 명단에 표시한다.
- 사용되지 않은 탑승 카드를 승객 명단과 대조한다.
- 모든 하역 작업을 관리자와 협조하여 처리한다.
- 사용하지 않은 탑승권을 관리자에게 전달한다.

(3) 탑승관리직원의 수행 업무

- 수동 탑승 키트를 준비한다(탑승 점검표, 수하물 태그 등).
- 비행·승객 관리 직원과 협력하여 최종 마감 승객 수를 파악한다.
- 체크인한 승객 탑승권의 일련번호와 오프로드 승객의 일련번호를 받는다.
- 업그레이드 승객은 허가를 받을 때까지 자리에 앉아 있어야 한다.
- 승객이 없어진 경우 체크인 관리자에게 수하물 상세 정보를 입수하여 조치한다.
- 프리미엄 클래스와 이코노미 클래스 승객을 구분하여 수를 센다.
- 총 체크인 승객 수와 모든 부분의 숫자가 일치하는 경우에만 탑승 완료를 통지한다.

3) 중량배분

중량 배분Weight & Balance은 로드컨트롤Load Control이라고 하며, 지상 디스패처가 항공기 종류에 대해 훈련을 받는다. 주요 기능은 탑승객, 수하물, 화물, 우편물의 수치를 나타내는 로드시트Load Manifest를 작성하는 것이다. 이 시트는 무게 중심 운용한계와 최대 탑재 중량을 초과하지 않는지 확인한다.

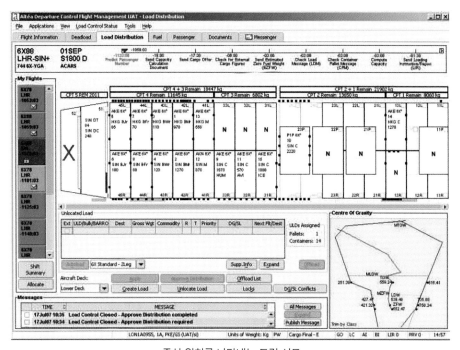

중심 위치를 나타내는 트림 시트

지상직원은 로드마스터를 위한 로딩지침Loading Instruction을 DCS에서 자동 생성된예약 정보와 항공기 정보를 사용해 만든다. 램프체크리스트는 항공기 정보와 탑재관련 정보를 포함한다. 이 정보들은 비행 종료 후 컴퓨터에 저장된다.

체크인과 탑승 절차 완료 후 지상직원은 중량 배분 관리부서에 알리고, 모든 입력 사항이 계산된 후 결과를 확인한다. 이후 최종 데이터를 준비한다. 항공기 정보는 이미 CDBCustomized Dynamic Balancing에 생성되어 있다. 조업사 급유 담당 직원으로부터 받은 연료 수치를 탑재 서류에 추가하고, 승객과 수하물 자료를 업데이트한다. 마지막으로 화물, 수하물, 우편물의 위치와 중량을 확인한다.

DCS는 오류를 발견하면 경고를 보내고, 초기 단계에서 무게나 균형 문제를 신속히 경고해 지연을 방지한다. DCS는 직원의 훈련과 자격요건 정보도 포함한다. 중량 배분 모듈은 로그인된 사용자 유형에 따라 변경이 가능하다.

DCS는 기존 항공편 정보를 사용해 새로운 항공편 메시지를 자동으로 생성할 수 있다. 지상직원은 유사한 항공기 유형을 찾아 CDB에 새로운 항공기를 등록할 수 있다.

4) 수하물 리컨실레이션

수하물 리컨실레이션Baggage Reconciliation은 지상직원의 주요 업무 중 하나로, ICAO Annex 17, Chapter 4, Section 4.3.5에 따라 수행된다. 이 절차는 항공기에 승객이 탑승하지 않은 상태에서 수하물만을 싣고 이륙하는 것을 방지하기 위해 필요하다. 리컨실레이션은 출발지 승객, 연결편 승객, 인터라인 승객, 경유 지점을 대상으로 하며, 수동 또는 자동으로 진행할 수 있다.

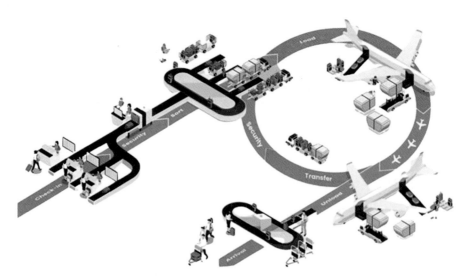

수하물 이동 경로(자료: https://abomis.com/baggage-reconciliation-system/)

수하물 리컨실레이션 시스템은 승객과 수하물을 같은 항공편으로 운송하고, 승객이 탑승하지 않은 상태에서 수하물만 운송되지 않도록 한다. 시스템은 체크인 카운터에서 항공기로, 항공기에서 다른 항공기로, 항공기에서 수하물 캐러셀로 수하물을 안내한다.

진보된 리컨실레이션 방법은 PDA 단말기를 이용해 수하물 스티커의 바코드를 스캔하여 수하물 위치를 추적하고, 누락을 최소화한다. 시스템은 수하물을 추적하고, 로딩·언로딩 상황을 모니터하며, 필요 시 수정 조치를 할 수 있게 한다. 또한, 수하물의 탑재 목록을 프린트할 수 있다.

시스템은 각 항공편의 위탁 수하물과 경유 수하물을 모든 탑승 승객과 대조하고, 일치하지 않는 수하물을 알려주는 목록을 작성한다. 이를 통해 탑승하지 않은 승객의 수하물을 식별하고 내려야 하는 수하물을 확인할 수 있다.

01 지상직원이 수행하는 주요 업무가 아닌 것은 무엇인가?

A. 승객 탑승 지원

B. 항공기 정비

C. 승객과 수하물 처리 과정의 기술 변화 대응

D. 출입국관리사무소 업무

02 블록킹한 항공권의 예약이 자동 발권되지 않기 위해 필요한 조치는 무엇인가?

A. 항공권을 재확인한다.　　　　B. 항공권을 취소한다.

C. 항공권을 업그레이드한다.　　D. 항공권을 변경한다.

03 사용자가 예약 변경을 시도할 때 시스템에서 제공하는 정보가 아닌 것은 무엇인가?

A. 출발 도시와 도착 도시　　　　B. 예약한 좌석 위치

C. 출발일과 도착일　　　　　　　D. 여행 상세 일정

04 CRS의 안정성을 높이기 위해 제공되지 않는 기능은 무엇인가?

A. 잘못된 입력 시 에러 메시지 제공　B. 하드웨어 장애 복구

C. 자연재해 시 데이터베이스 복구　　D. 사용자가 가격 정책 변경

05 DCS(Departure Control System)의 주요 기능이 아닌 것은 무엇인가?

A. 승객 체크인 및 탑승권 발급　　B. 항공기 중량 배분 최적화

C. 기내식 제공　　　　　　　　　D. 수하물 태그 발행

06 탑승관리직원의 업무가 아닌 것은 무엇인가?

A. 수동 탑승 키트 준비

B. 비행·승객 관리 직원과 협력하여 최종 마감 수치 파악

C. 프리미엄 클래스와 이코노미 클래스 승객을 구분하여 수를 센다

D. 항공편 연착 시 비행기 정비

07 중량 배분에서 로드컨트롤(Load Control)의 주요 기능은 무엇인가?

A. 항공기 연료 주입

B. 탑승객, 수하물, 화물, 우편물의 수치를 나타내는 로드시트 작성

C. 항공편 일정 조정

D. 기내식 준비

08 수하물 리컨실레이션 시스템의 기능이 아닌 것은 무엇인가?

A. 수하물의 위치 추적   B. 기내식 준비

C. 로딩 및 언로딩 상황 모니터   D. 수하물 탑재 목록 프린트

정답과 해설

번호	정답	해설
01	D	출입국관리사무소 업무는 지상직원이 아닌 정부 관련 기관 직원이 수행한다.
02	B	블록킹 기간 동안 좌석을 취소하지 않으면 항공권이 자동 발권된다.
03	B	사용자가 예약 변경을 시도할 때 시스템에서 제공하는 정보에는 출발 도시, 도착 도시, 출발일, 도착일, 여행 상세 일정이 포함되지만, 예약한 좌석 위치는 포함되지 않는다.
04	D	가격 정책 변경은 시스템 운영자만이 권한을 가지고 있으며, 사용자가 할 수 없다.
05	C	DCS는 기내식 제공 기능이 아닌, 승객 체크인 및 탑승권 발급, 항공기 중량 배분 최적화 등의 기능을 한다.
06	D	항공편 연착 시 비행기 정비는 탑승관리직원의 업무가 아니다.
07	B	로드컨트롤의 주요 기능은 탑승객, 수하물, 화물, 우편물의 수치를 나타내는 로드시트를 작성하는 것이다.
08	B	수하물 리컨실레이션 시스템은 기내식 준비 기능을 포함하지 않는다.

제3장

승객 및 수하물
체크인 절차

1 여행 및 건강 서류

체크인 전에 모든 여행 서류를 정확히 준비하는 것은 승객의 책임이다. 서류가 적절하지 않으면 탑승이 거부될 수 있다. 지상직원은 모든 승객의 서류가 경유지와 도착지의 법을 준수하는지 확인해야 한다. 잘못된 서류는 항공사에 과징금을 부과하고, 심각한 결과를 초래할 수 있다.

1) TIM

TIM Travel Information Manual은 1963년부터 도착지 국가의 입국 및 건강 요구조건, 세관과 환율에 대한 최신 정보를 제공한다. IATA는 매달 TIM booklet을 발행하며, 항공사 사무실, 여행사, 여행상품 판매자, 정부기관에 정보를 제공해 여행객들이 시간을 절약하고 과징금과 지연을 피할 수 있도록 한다. TIM은 여권, 비자, 보건정보, 공항세, 세관과 환율 등의 정보를 국가별로 확인할 수 있다.

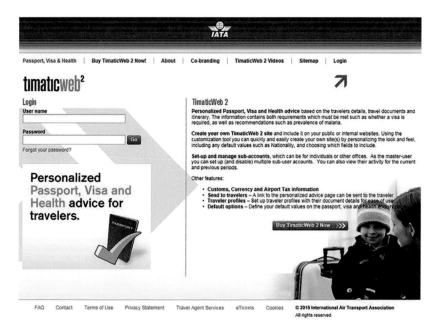

https://www.timaticweb2.com/

항공사는 TIM의 자동화 버전인 TIMATIC을 이용해 승객 처리 과정을 돕는다. TIMATIC은 DCS와 예약 시스템에서 사용할 수 있으며, 승객의 도착지, 경유지, 국적, 여행 서류, 거주 국가 등에 따른 맞춤 정보를 제공한다. TIMATIC은 입국이 금지된 승객을 출입국관리소에서 발견 시 항공사에 부과하는 과징금을 줄이는 데 도움을 준다. TIMATIC에서 여권, 비자, 건강 요구 사항, 공항세, 세관 규제 등을 확인할 수 있다.

2) 여권

모든 국제항공 승객은 신분과 국적을 증명하는 여권이나 공식 신분증을 소지해야 한다. 여권은 정부기관에서 발급하는 공식 서류이며, 다양한 형태가 있다.

- 외국인 신분(거주)증명서
- 통행 허가증(UN 서류)
- 아동 신분 카드
- 국가 신분증 수첩/카드
- 외교관 영사관 여권
- 선원증명서

- 공식, 특별 서비스 여권(증명서)
- 군인 신분증
- 국제 적십자 신분증
- 여행증명서
- 가족 여권

대한민국 여권

3) 비자

비자는 외국인의 입국 또는 재입국을 허가하는 여행 서류로, 정부 영사관이 발행한다. 비자는 입국허가를 보장하지 않으며, 최종 결정권은 입국심사대의 관할자에게 있다. 비자의 특징은 다음과 같다.

- 비자는 일반적으로 영사가 발급하며, 드물게 도착 시에 발급할 수도 있다. 일부 국적자는 경유 비자를 도착 시에 발급받거나 비자 없이 경유할 수 있다.
- 비자는 여권의 한 페이지에 스탬프를 찍거나 스티커 형태로 발급된다.
- 비자는 싱글, 더블, 멀티로 구분되며, 유효기간이 있다.
- 비자의 종류로는 사업비자, 방문비자, 관광비자, 유학비자(미국 유학비자의 경우 비자뿐만 아니라 부속서류인 I-20 FORM도 있어야 입국이 가능), 이민비자, 단체비자 등이 있다.
- 가족 여권에 발급된 비자는 해당 비자에 명시된 가족 구성원에게만 유효하다. 다만, 국내에서는 일반적이지 않다. 유학 비자의 경우, 신청자 본인(F1)과 신청자의 가족(F2)으로 구분된다.

경유 비자Transit Visa는 짧은 유효기간을 가지며, 일부 국적자는 도착 시 비자를 발급받거나 무사증통과(TWOVTransit without a Visa)를 허용받을 수 있다.

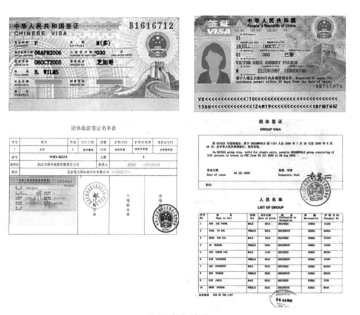

중국비자 사례

4) 보건 서류

보건 서류는 특정 예방접종 및 보건증명서를 의미하며, 주로 열대 지방의 일부 국가에서 요구된다. 세계보건기구(WHO)의 국제표준형태 예방접종 증명서를 사용한다. 서류를 챙기는 책임은 승객에게 있지만, 지상직원은 목적지 관련 정보를 재확인해야 한다.

건강증명서

5) APIS(사전 승객 정보 시스템)

APIS_{Advanced Passenger Information System}는 항공사와 목적지 컴퓨터 시스템 간에 여권 정보와 비행 정보를 교환하는 전자 데이터 시스템이다. eAPIS_{Electronic APIS}는 소규모 항공사가 미국 CBP에 자료를 전자상으로 전송할 수 있는 공공 웹사이트이다. 특정 국가에서는 체크인 전에 API_{Advanced Passenger Information}를 제출해야 여행이 가능하다. 항공사는 정해진 시간 안에 국가 기관 담당자에게 API 자료를 전송해야 한다. 필요한 API 정보는 다음과 같다.

- 전체 이름
- 성별
- 출생일
- 국적

- 거주 국가
- 여행서류형태(여권)
- 여행서류번호(유효 날짜와 발급 국가)
- (미국 입국자) 입국 첫날 머무를 주소

6) 전자항공권

전자항공권E-Ticket은 공항에서 유효한 탑승권으로 발급되며, 여행사나 항공사를 통해 예약할 수 있다. 전자항공권은 항공사 컴퓨터에 디지털 기록으로 존재하고, 고객은 기록 증명이나 예약번호가 적힌 여정 영수증을 받는다. 전자항공권 여정 영수증의 복사본 출력이 가능하여 항공권 분실이 발생하지 않는다.

대한항공 전자항공권

(1) 전자항공권의 구성

전자항공권에는 승객성명, 항공권번호, 예약번호, 항공편명, 출도착 여정, 예약 관련 정보(예약등급, 형태, 운임 등), 수하물 정보 등 기록된다.

(2) 전자항공권 체크인

전자항공권 체크인 시 승객은 신분증, 신용카드 또는 영수증을 제출해야 하며, 신원을 확인하여 탑승권을 발급한다. 전자항공권은 탑승권을 대신할 수 없으며, 체크인 과정에서 탑승권이 발급되어야 한다.

(3) 셀프서비스와 리모트 체크인

온라인, 전화, 셀프서비스 키오스크, 공항 키오스크, 모바일 바코드 전송 등을 통해 체크인할 수 있다. 전자항공권은 항공사 서버에 저장되며, 예약기록(CRS)이 공항시스템(DCS)로 이관되고 DCS에서 항공기 마감 후 모든 DATA가 최종 예약기록(CRS)에 반영된다.

(4) 전자항공권의 장점

전자항공권의 승객, 항공사, 여행사의 장점은 다음과 같다.

승객

- 여정 변경이 쉽다.
- 인터넷을 사용하여 예약과 체크인을 효율적으로 할 수 있다.
- 항공권 분실이 없다.

항공사

- 인터라인 수익 관리가 가능하다.
- 비용 절감이 크다.
- IATA 분배 시스템에 접근 가능하다.

여행사

- 항공권 출력과 유지 쉽고, 유통 비용 절감된다.
- 항공권 재고 관련 비용과 책임이 없다.

2 승객 허가

체크인 지점마다 절차와 규정이 다르지만, 기본 원칙은 동일하다. 체크인은 항공사나 조업사가 수행하며, 승객은 기내반입 금지 수하물을 위탁하고 탑승권과 수하물표를 받는다. 체크인은 공항 도착 후 첫 번째 절차로, 승객은 선호좌석 요청, 항공편 정보 확인, 예약 변경, 마일리지 적립, 업그레이드 등의 서비스를 이용할 수 있다. 항공사 체크인의 주요 기능은 위탁수하물을 받아 DCS 시스템에 반영하고, 탑승권과 수하물표를 발급하는 것이다.

체크인 절차는 항공사와 공항에 따라 다양할 수 있어 승객에게 혼란을 줄 수 있다. 도심에서 수하물을 체크인할 수 있는 서비스는 공항에서의 대기시간을 줄여준다.

1) 체크인의 종류

(1) 매뉴얼(수동) 체크인 Manual

대부분의 항공사는 DCS 자동 체크인 시스템을 사용하지만, 시스템 고장, 정전, 임시 항공편 운행 시 매뉴얼 체크인 절차를 따른다. 매뉴얼 체크인을 빠르고 효율적으로 실행하려면 직원이 지속적으로 절차를 업데이트해야 한다.

매뉴얼 체크인 절차는 공항과 항공사 요구조건에 따라 다르며, 직원은 해당 지역의 절차를 준수하고 교육받아야 한다. 매뉴얼 체크인을 시작하기 전에 준비해야 할 서류는 다음과 같다.

- 승객 목록과 일련번호
- 항공편, 날짜, 도착지, 게이트 번호가 기재된 매뉴얼 탑승권
- 매뉴얼 수하물 태그
- 항공기 도면에 붙어있는 개별 좌석 스티커
- 특별 정보 일지 또는 승객 정보 일지
- 승객 수하물과 중량 서류

(2) 자동화 체크인

자동화 체크인은 DCS를 사용한다. 특정 공항에서는 해당하는 핸들링 에이전트의 DCS를 이용한다. DCS는 좌석을 할당하고, 수하물 스티커와 탑승권을 출력하며, 지상직원에게 필요한 종합적인 정보를 제공한다. 또한, 관련 서류를 만들어 적

절한 경유지와 객실승무원에게 전송한다.

(3) Off-Site와 Off-Airport 체크인

공항 외부(Off-Site와 Off-Airport) 체크인은 승객이 공항이 아닌 곳에서 체크인할 수 있게 한다.

- 인터넷(온라인 체크인) : 승객이 인터넷 연결된 개인 컴퓨터로 항공사 웹사이트에서 체크인하고, 체크인 성공 시 탑승권과 여정을 출력한다.
- 모바일 : 항공사는 2D 바코드를 승객의 모바일, PDA, 스마트폰에 보내서 체크인한다. 승객은 바코드가 담긴 문자 메시지나 다운로드할 설명서를 받기 위해 예약 시 휴대폰 번호를 등록한다. 바코드는 탑승권으로 사용되며, 모바일 기기 스크린 위에서 바로 읽을 수 있다.

(4) 키오스크 체크인

키오스크 체크인은 승객이 직접 체크인하고 탑승권을 발급할 수 있도록 해주는 기계이다. 키오스크에는 특정 항공사 전용 키오스크와 여러 항공사가 함께 사용하는 공용 키오스크가 있다. 셀프서비스 체크인 키오스크는 공항 외의 장소에도 위치할 수 있다.

- 항공사 체크인 키오스크 : 특정 항공사의 승객이 사용하며, 수하물 태그 프린트와 수하물 비용 지불 기능이 있다.
- CUSS 체크인 키오스크 : 공항이 유료로 제공하며, 여러 항공사가 함께 사용한다. 수하물 체크인과 스티커 부착, 신용카드로 비용 지불이 가능하다.

항공사는 셀프서비스를 권장하며, 이는 승객의 여행 관리, 시간 절약, 항공사의 효율적 관리와 비용 절감을 위한 것이다.

키오스크 체크인

(5) 전체 여정 체크인

전체 여정 체크인은 출발지에서 전체 여행을 체크인하는 것이다. 연결 항공편을 이용하는 승객은 한 번만 체크인하면 되며, 환승지에서 체크인하는 승객보다 더 좋은 좌석을 선택할 수 있다.

2) 체크인 카운터

(1) 체크인 카운터 워크스테이션

체크인 카운터는 승객과 항공사의 첫 만남 장소로, 질서 정연하고 효율적인 인상을 주어야 한다. 업무 시작 전 지상직원은 모든 장비와 문구용품을 점검하고, 사무용품은 안전하게 보관해야 한다.

체크인 카운터의 기본 사항 목록은 다음과 같다.

- 수하물 라벨 프린트 준비
- 탑승권 프린터에 종이 장착
- 여권과 신용카드 리더 작동 확인
- 이름 라벨과 기내반입 수하물 태그 준비
- 펜과 스태플러 준비
- 항공편 정보 준비
- 특별 예약 승객 목록 준비
- TIM 및 고객 서비스 매뉴얼 사용 가능
- 청결 유지
- 저울 작동 확인 및 초기 설정 검사

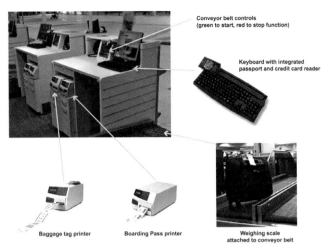

Conveyor belt controls
(green to start, red to stop function)

Keyboard with integrated
passport and credit card reader

Baggage tag printer

Boarding Pass printer

Weighing scale
attached to conveyor belt

체크인 카운터 워크스테이션

(2) 체크인 카운터의 정보제공

모든 체크인 카운터는 다음 정보자료를 갖추어야 한다.

- 금지된 위험물 정보
- 항공기 지연 및 취소 시 승객의 권리
- 보안질의 안내

이 정보는 포스터나 폴더 형태로 제공한다.

(3) 체크인 시 클래스 분류

일등석과 비즈니스 클래스 체크인 카운터는 항공사 정책에 따라 특정 물품을 구비하며, 특정 클래스에만 한정된 서비스 물품을 제공한다.

(4) 직원

체크인은 유니폼을 입은 자격 있는 직원이 수행하며, 유니폼은 단정하고 깨끗해야 한다. 직원의 자격요건은 항공사 지식, 높은 서비스 정신, 일등석 및 비즈니스석 업무 능력, 영어와 지역 언어 구사 능력이다.

(5) 지상직원의 건강과 안전

지상직원의 건강과 안전을 위한 지침은 다음과 같다.

- 민감한 전자 장비 취급 시 주의한다.
- 무거운 수하물 운반 시 도움을 요청한다.
- 위험물 유출 시 격리 후 안전 보안 담당자에게 보고한다.
- 수하물 상태를 확인한다.
- 엑스레이 기계에 지속적으로 노출되지 않도록 한다.

(6) FFP

FFP^{Frequent Flyer Program}는 항공사가 제공하는 로얄티 프로그램으로, 가입한 승객은 항공사나 제휴 항공사를 이용해 마일을 적립할 수 있다. 최근에는 제휴 신용카드나 체크카드로 더 많은 마일리지를 적립할 수 있다. 적립된 마일은 제휴 호텔 무료 숙박, 제휴 렌트카 무료 이용 등의 혜택에 사용된다.

항공사의 로열티 프로그램 카드

3) 예약자 목록(PNL과 ADL)

예약자 목록(PNL^{Passenger Name List})은 항공편을 예약한 승객의 목록으로, 체크인 직원이 사용한다. PNL에는 고객 이름, PNR, 연결 항공편, SSR^{Special Service Requirements}, OSI^{Other Service Information}, 항공권 정보 등이 포함된다. 자동화된 스테이션에서는 시스템이 자동으로 처리하고, 매뉴얼 지점에서는 PNL을 수동으로 검사한다. 필요 시 ADL^{Additions and Deletions List}(추가/제거/변경 리스트)이 사용된다.

4) 체크인에 공지된 주의 사항

(1) 금지물품

항공사와 공항은 금지물품 주의 사항을 게시하고, 시각자료를 포함하여 정보를 제공한다.

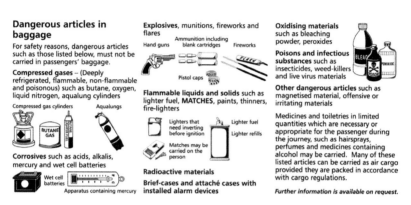

수하물에 담긴 위험물에 대한 고지사항

(2) 보안 관련 질문

모든 체크인 데스크에서 표준 항공 보안 공지사항을 제공하고, 승객에게 보안 관련 질문을 직접 묻거나 여러 언어로 된 공지사항을 보여준다.

수하물 체크인 전, 승객은 다음 질문에 "네" 또는 "아니오"로 답해야 한다.

- 이 가방이 본인 소유이며, 본인이 가방을 챙겼습니까?, Is this your bag and did you pack it yourself?
- 가방 안에 직접 넣지 않은 물품이 하나도 없습니까?, Are you certain that there is no item in it which you did not pack?
- 가방 안에 다른 사람이 운반을 요청한 물건이 없습니까?, Are you certain that there is nothing in your possession that you have been asked to carry for another person?
- 가방을 싸는 순간부터 지금까지 항상 직접 관리할 수 있는 곳에 있었습니까?, Were your bags under your supervision from the time of packing until now?

5) 액체, 스프레이, 젤류에 관한 규제

ICAO는 액체류, 스프레이류, 젤류 운반 지침을 만들었고, 대부분 국가에서 이를 채택하고 있다.

- 기내반입수하물 안의 액체류, 젤류, 스프레이류는 100ml를 초과할 수 없으며, 100ml 이내 용기에 담아야 한다.
- 모든 양이 1ℓ를 넘지 않는 선에서 열고 닫을 수 있는 투명 비닐백 하나만 허가한다.
- 용기 용량이 100ml가 넘으면 허가하지 않는다.
- 보안 검색 시, 투명 비닐백은 다른 소지품과 별도로 제시한다.
- 물품이 기내반입수하물로 허가가 확실하지 않으면 위탁 수하물로 처리한다.
- 약품류와 아기우유, 이유식 등은 예외가 있을 수 있다.
- 경유 공항에서 면세품 액체류도 압류될 수 있으므로 최종 목적지 출발지에서 구매해야 한다.

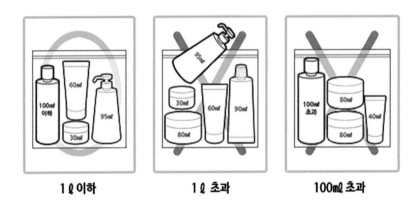

1ℓ 이하   1ℓ 초과   100㎖ 초과

6) 좌석

항공기 종류별 좌석도면이 체크인시스템에 저장된다. 만 2세 이상의 승객은 반드시 좌석이 배정된다. 지상직원은 승객의 요청에 따라 좌석 배정을 확인하며, 보호자 없는 미성년자, 유아 동반 여성, 어린이, 장애인, 거동이 불편한 승객에게 우선 좌석을 배정한다.

출구열 좌석은 건강한 성인에게만 배정되며, 사전 배정은 불가하다. 출구열 좌석 배제 대상은 다음과 같다.

출구열 좌석

- 어린이와 유아
- 장애인
- 임산부
- 노약자
- 추방자, 구류 중인 죄수
- 애완동물 반입 승객
- 비만 승객

7) 체크인 절차

체크인 주요 활동은 다음과 같다.

- 승객 허가 : 항공권 및 여행서류 확인, 탑승권 발행
- 수하물 허가 : 수하물 상태 확인, 라벨 부착, 등록, 무게와 개수 확인, 도착지 라벨 부착, 중량 초과 수하물 요금 부과

(1) 일반적인 체크인 절차
지상직원은 다음과 같은 체크인 과정을 따른다.

승객 맞이하기

- 승객과 눈맞춤을 유지하며 친절하게 맞이한다.
- 지연이 발생하면 사과하고 안내한다.

항공권 확인

- 승객의 여권과 항공권 이름을 대조한다.
- 유효한 항공권 확인, 나이와 항공권 종류 일치 여부 확인한다.
- 항공권이 유효한지 주의 깊게 확인한다.

여행 서류 확인

• 신상정보와 비자 등 여행 서류의 적합성을 확인한다.

수하물 확인

• 수하물의 크기와 무게가 항공사 기준에 충족하는지 확인한다.
• 유해 물품 여부를 확인한다.

승객 상태 확인

• 전염성 질병 의심 승객을 확인하고 보고한다.

수하물 처리

• "Priority" 태그를 부착 후 수하물을 이동시킨다.

탑승권 발급

• 승객 이름과 좌석이 적힌 탑승권을 발급하여 전달한다.

(2) 키오스크를 이용한 체크인 절차

승객은 다음과 같은 절차로 키오스크를 이용하여 체크인한다.

키오스크 이용

• 승객은 셀프서비스 체크인 키오스크에서 탑승권과 수하물 태그를 출력한다.
• 이후, 수하물 드롭오프 카운터로 이동한다.

홈 프린트 수하물 태그

• 일부 항공사는 온라인 체크인 시 홈 프린트 수하물 태그 기능을 제공한다.
• 수하물 태그를 출력해 지시 사항에 따라 플라스틱 커버에 넣어 부착한 후 수하물을 드롭오프 한다.

키오스크 체크인 불가 시

- 승객은 체크인 카운터를 이용한다.
- 지상직원이 데이터를 수정하거나 추가하고, 여권으로 신원을 확인한다.
- DCS에 수하물 수와 중량을 기입해 수하물 태그를 출력한다.
- 승객 확인 후 탑승권과 여정 영수증을 출력한다.
- 탑승권, 수하물 태그 스텁, 서류를 전달하고 출발 게이트와 시각을 안내한다.

(3) BCBP

BCBP^Bar-Coded Boarding Pass는 IATA 산업표준 2D 바코드를 사용하여 승객에게 더 많은 선택권을 제공한다.

- 프린트 기능 : 승객은 집에서 바코드 탑승권을 프린트할 수 있다.
- 사용 편리성 : 하나의 문서로 전체 여행, 다중 구간 여행 일정 동안 사용할 수 있다.
- 이동 간소화 : 승객은 수하물 드롭오프 지역 또는 게이트로 직접 이동할 수 있다.

대한항공의 BCBP

(4) 체크인-마감 정보

승객에게 탑승권을 건넬 때, 다음과 같은 중요 정보를 전달한다.

- 승객 이름 사용 : 승객의 이름을 불러 주의를 끈다.
  예 "Mr./Ms.(승객의 이름), 여기 탑승권을 드리겠습니다. 고객님의 수하물에 최종 목적지가 적혀있는 라벨도 달아 드렸습니다." (이는 수하물 표시를 정확하게 했는지 확인하는 마지막 점검이다)
- 수하물표 알림 : 수하물표가 탑승권 앞에 붙어 있음을 알린다.

3 수하물 허가

항공권 가격은 승객과 수하물 운송을 포함하며, 운임은 좌석과 서비스 종류, 수하물 허용한도에 따라 다르다. 항공권 운임에 무료 수하물 운송이 포함된 경우, 항공권에 무료 수하물 허용한도가 표시된다. 이 허용한도는 위탁 수하물과 기내반입 수하물을 포함한다. 항공사는 수하물 허용범위와 운임을 결정하며, 인터라인 여정 운임 적용은 IATA가 결정한다. 지상직원은 승객 수하물을 주의 깊게 처리하고, 수하물 처리 규정을 엄격히 적용한다. 체크인 과정에서의 수하물 처리는 지상직원의 주요 역할 중 하나이다.

1) 수하물의 일반적 분류

(1) 기내반입수하물

기내반입수하물은 승객이 기내로 가져가는 수하물이다. 각 항공사는 허용 크기, 무게, 개수를 정한다. IATA는 크기에 대한 지침을 제시하며, 허용 한도와 요금은 항공사가 정한다. 기내반입수하물은 최대 길이 56cm, 넓이 45cm, 깊이 25cm 이내여야 한다.

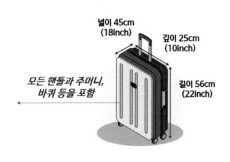

기내반입이 불가능한 경우는 다음과 같다.

- 크기, 무게, 특성상 부적합한 경우
- 좌석 밑이나 머리 위 보관함에 들어가지 않는 경우
- 항공사가 사전승인하지 않은 경우
- 액체류, 스프레이류, 젤류가 기준에 맞지 않는 경우
- 보안 절차에서 거부된 경우

(2) 위탁 수하물

위탁 수하물은 항공사가 수하물 태그를 발행하고 항공기 짐칸에 실어 운반하는 수하물이다. 항공사는 부적절하게 패킹되었거나 무게, 크기, 특성상 부적합한 수하물의 운반을 거부할 수 있다. 각 수하물에는 승객의 이름이 표기되어야 하며, 코드쉐어 항공편의 경우 운영 항공사의 규칙을 따른다.

(3) 특별 수하물

특별 수하물에는 부피가 큰 수하물, 유모차, 휠체어, 악기, 예술품, 전자 장비, 외교 수하물, 귀중한 수하물, 승무원 수하물이 포함된다.

특별 수하물 품목 - 초과 수하물 요율 및 지침
| Qatar Airways

2) 특정 수하물 분류

(1) 제한된 수하물

제한된 수하물은 안전상의 이유로 기내 반입이 적당하지 않은 수하물을 의미한다. 적절한 주의가 취해지면 항공기 내 소지가 가능한 물품도 포함된다.

(2) 비동반 수하물

비동반 수하물은 화물로 운송하는 수하물로, 승객 소유의 개인 의류와 물품으로 구성된다(가정용품, 휴대 가능한 악기, 스포츠 장비 포함, 기계류, 돈, 증권, 보석류, 필름, 항공권, 서류, 액체류, 향수, 판매 샘플 제외). 비동반 수하물에는 화물요금을 부과하며, 무게와 부피 중 큰 기준으로 처리한다. 화물 터미널에서 처리되므로 엄격한 통관 절차를 거치며, 소유자의 이름이 표시된 경우에만 허가된다.

(3) 급송 수하물

급송 수하물은 공간부족, 실수, 무게 제한 등으로 승객이 관리할 수 없는 상황에서 지점이 잘못 관리한 수하물로, 반드시 승객에게 전달되어야 한다.

3) 수하물 운송

(1) 온라인 수하물

온라인 수하물은 같은 항공사 항공편 간에 옮겨지는 수하물을 의미한다.

(2) 인터라인 수하물

인터라인 수하물은 다른 항공사 항공편 간에 옮겨지는 수하물을 의미한다. 인터라인 수하물은 탑승객 항공권에 명시된 최종 목적지까지 체크인하고 태그를 붙여야 한다. 다양한 연결편을 이용하는 승객의 수하물은 특정 방법으로 탑재되어 중간 기착지에서 신속하게 하역할 수 있도록 한다.

4) 수하물 허가

승객과 수하물은 같은 항공기로 운송하며, 위탁 수하물은 손상 없이 도착해야 한다.

(1) 운송거부

항공사가 수하물 운송을 거부하는 경우이다.

- 위험 가능성이 큰 물품
- 출발지, 경유지, 목적지 국가의 법령에 의해 금지된 물품
- 무게, 크기, 성질이 적당하지 않은 물품
- PNR에서 요청되지 않은 초과 수하물
- 생동물, 무기류, 군수품, 폭발물, 위험물

(2) 책임 제한

항공사의 수하물 책임은 제한되며, 다음 품목은 항상 기내반입수하물로 보관한다.

- 귀중품(돈, 수표, 신용카드)
- 사업 서류
- 물품 샘플
- 여권과 신분증
- 상하기 쉬운 물품
- 컴퓨터류(노트북, PC)

(3) 위탁 수하물 허용 범위

항공사는 수하물 허용량을 승객에게 미리 알려야 한다. 허용량은 항공권 가격, 승객 유형, 회원 등급, 좌석 등급에 따라 다르다. 일부 항공사는 모든 수하물에 대한 요금을 부과한다. 위탁 수하물 허용량은 두 가지로 구분된다.

- 수하물의 총 중량
- 수하물의 개수

5) 지상직원의 수행업무

(1) 기내반입수하물 체크인 시

지상직원은 기내반입수하물이 항공사의 기준에 부합하는지 확인하고, 무게와 크기를 검사한다. 기준을 초과하면 위탁 수하물로 처리하고, 필요 시 요금을 부과한다. 또한, 위험물에 대해 승객에게 질문한다.

(2) 위탁 수하물 체크인 시

지상직원은 허용 불가, 크기 초과, 중량 초과, 기내 반입 수하물 초과 여부를 확인하고, 위탁 수하물에 개인 서류나 약품을 꺼내도록 권고한다. 기내에 더 이상 수하물을 반입할 수 없는 경우, 나머지 수하물을 위탁 수하물로 처리하고 최종 목적지 태그를 부착한다. DCS 체크인 기록서에 수하물 태그 번호와 무게를 기록하거나 수동으로 입력하며, 승객에게 수하물 찾는 곳을 안내한다. 수하물이 탑재될 예정임을 램프 스태프나 탑재관리팀에 알린다.

6) 수하물 라벨링

모든 수하물은 항공사 정책에 따라 표시가 필요하며, 이를 수하물 라벨링이라한다. 체크인 데스크에서 수하물에 정확한 태그를 다는 것은 지상직원의 책임이다. 수하물 바깥쪽에 승객의 이름을 명시하는 것은 법적 요구 조건이다. 태그 부착 전 수하물의 손상 여부를 시각적으로 검사하고, 이전 태그를 제거한다.

(1) 수하물 태그

항공사는 체크인 한 승객의 수하물을 최종 목적지로 보내기 위해 수하물 태그를 사용한다.

지상직원은 수하물표를 승객에게 건네거나 탑승권 위에 붙인다. 수하물 태그의 사

용 이유는 다음과 같다.

- 유사한 가방들 사이에서 승객이 가방을 구별할 수 있도록 돕는다.
- 증명 목적 – 승객이 다른 사람의 수하물을 가져가는 것을 방지한다. 공항에서 수하물표를 제시해야 하는 경우에 필요하다.
- 승객과 항공사가 잃어버린 수하물을 추적하고 식별하는 데 사용한다.

1929년 바르샤바 컨벤션에서는 수하물 태그 발행 기준을 만들었으며, 이 기준에는 위탁 수하물 책임 제한에 관한 규정이 포함되어 있다.

(2) 현재 수하물 태그 방식

바코드를 사용하는 수하물 태그는 접착 종이에 열 프린터나 바코드 프린터로 출력하며, 체크인 시 수하물에 부착한다. 이 자동화 시스템은 수하물 분류 오류와 지연을 줄인다. 주요 공항에서는 자동화 표 인식 레이저 스캐너를 사용한다. IATA PSCRM 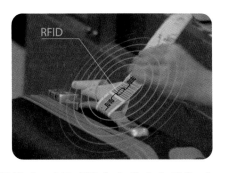 Resolution 740은 인터라인 태그 지침을 제공한다. 지상직원이 손상되지 않은 바코드를 직접 스캔할 수 있지만, 자동 스캔은 불가능하다. 손상된 바코드는 스캔 문제를 일으키므로 일부 항공사는 RFID 칩을 태그에 부착한다. IATA는 RFID 수하물 태그 표준화를 추진 중이다. RFID 태그는 높은 자동 인식 성공률을 가지지만 바코드 태그만큼 튼튼하지 않다.

(3) 위탁 수하물 식별

등록번호표License Plate는 IATA, 항공사, 공항에서 사용하는 10자리 숫자 코드로서, 체크인 시 발급하는 수하물 태그에 나타난다. 이 번호는 수하물을 BSMBaggage Source Message에 연결하는 색인 번호로, 항공사의 DCS에서 공항의 수하물처리시스템으로 전송된다. 색인 번호는 항공편의 상세정보와 승객 정보를 포함하며, 자동 수하물처리시스템은 태그 바코드를 스캔하여 수하물을 자동으로 분류할 수 있다. 태그에는 등록번호표 외에도 도착 공항의 명칭, IATA 공항 명칭, 출발 시각, 항공사 코드와 항공편명, 승객 이름 등의 정보가 포함된다.

7) 핸들링 라벨

일부 항공사는 고유의 수하물 라벨이 있으며, 승객의 클래스·경유지·수하물 종류에 따라 수하물 손잡이에 라벨을 부착한다.

(1) 일등석·우선순위 라벨

프리미엄 클래스로 여행하는 승객의 수하물은 우선 처리되는 라벨을 붙인다. 일등석 승객이나 항공사의 상용고객 프로그램 회원의 수하물에 우선순위 라벨을 부착한다. 이는 목적지에서 수하물을 먼저 내려서  고객의 대기 시간을 최소화하기 위함이다. 도착 시 특별한 도움이 필요한 승객과 보호자 비동반소아의 수하물에도 사용한다.

(2) 인터라인 라벨

인터라인 라벨은 수하물이 중간 기착지에서 다른 항공기로 옮겨질 때 사용한다. 수하물에 최종 목적지와 모든 환승지역 태그를 부착하여 승객이 수하물을 찾거나 다시 위탁할 필요가 없게 한다. 정기 운항 서비스, 확정 구매된 항공권, 24시간 내 여정에 한해 적용된다. 일부 목적지에서는 국내선 이용 시 인터라인 라벨 사용을 허가하지 않는다.

(3) 경유 라벨

경유 라벨은 인터라인 라벨과 함께 사용되며, 경유 지점에 따른 항공사 절차와 연결 시간에 따라 다를 수 있다.

(4) 초과무게 수하물 라벨

무거운 수하물은 사고와 부상을 방지하기 위해 무게가 적힌 초과무게 라벨을 부착한다. 23kg을 넘는 수하물에 적용되며, 외관보다 무거운 수하물에도 라벨을 붙인다.

(5) 대기 라벨

대기자 명단에 있는 승객의 수하물이나 공간이 한정된 곳에서 초과된 수하물에 대기 라벨을 사용한다. 대기 라벨을 부착하고 항공기 공간 제한으로 같은 항공편으로 보낼 수 없음을 설명해야 한다.

(6) 책임 한도 제한 라벨

바르샤바 컨벤션에 따라 사전 등록되지 않은 귀중품의 분실, 지연, 손상에 대해 항공사는 제한된 배상 책임을 진다. 포장 상태가 불량한 경우 제한 라벨을 부착하여 항공사를 보호하며, 승객이 동의하지 않으면 운송을 거부한다.

(7) 비동반소아 라벨

보호자 없이 여행하는 미성년자의 수하물을 식별하기 위해 비동반소아 라벨을 부착한다. UM 라벨이 없을 때에는 우선순위 고객 라벨을 사용한다.

8) 수하물 허용기준

(1) 수하물의 일반적 허용기준

수하물의 일반적인 허용기준은 다음과 같다.

- 항공권에 수하물의 무료 허용범위가 기재되어 있으며, 초과분에 대해서는 비용을 지불해야 한다.

- 대부분의 항공사는 위탁 수하물의 무게와 크기에 대해 32kg(70lbs), 406cm(160inch) (길이 + 넓이 + 높이) 제한을 둔다.
- 기준 크기를 초과하는 수하물, 동물, 위험물 등은 특별 지침을 따른다.
- 수하물의 상태가 양호해야 하며, 파손 우려가 있거나 부적절하게 포장된 물품은 "제한된 책임 한도" 하에만 허가된다.
- 우산, 지팡이, 침낭 등은 수하물과 같이 묶어서 보낼 수 없다.
- 이전에 부착된 수하물 태그는 제거해야 하며, 위탁 수하물에는 승객의 이름, 주소, 전화번호, 이메일 주소를 명시해야 한다.
- 승객은 직접 포장한 자신의 수하물을 운반해야 하며, 다른 승객의 물품은 운반하지 않는다.
- 승객은 탑승 수속 시 모든 수하물을 제시해야 하며, 직원은 필요한 보안 관련 질문을 한다.
- 수하물 확인 후, 세부 사항(개수와 무게)을 DCS에 기입하고 분실 시 클레임에 대비한다.
- 수하물에 정확한 목적지 태그를 부착하고, 클래스 태그, 우선순위 태그 등을 추가한다.
- 승객에게 중간 경유지의 세관규정을 설명하고, 수하물이 자동으로 연결 항공편에 운반되는지 여부를 안내한다.
- 수하물을 내려두고 출발해야 하는 상황이라면, 우선순위 라벨이 붙은 수하물은 마지막에 내린다.
- 정확한 수하물 처리는 필수적이며, 잘못 처리된 수하물은 항공사에 금전적 손실을 주고 승객의 불만을 초래한다.

(2) 무료 수하물 허용기준

무료 수하물 허용기준은 항공사가 승객당 허용하는 위탁 수하물과 기내반입수하물의 양을 의미한다. 일부 항공사는 무료 허용량을, 어떤 경우에는 최대 허용량을 의미하며, 무료수하물허용량을 초과하는 무게에 대해서는 EBC^{excess baggage charge}를 징수한다. 승객당 수하물 허용 한도는 항공사의 정책에 따라 다르다.

수하물 무게 개념

수하물 무게 개념은 무료 수하물 허용 기준이 위탁 수하물의 무게에 따라 결정되는 것을 의미한다. 일등석이나 비즈니스석 항공권을 구입한 승객이 연결 항공편에서 같은 클래스의 좌석을 이용하지 못해도 최초 탑승구간의 class에 무료 수하물 허용 기준을 적용한다. 추가 요금을 지불하고 업그레이드하거나 자발적으로 낮은 클래스로 다운그레이드한 승객은 변경된 항공권의 무료 수하물 허용 기준을 따른다.

수하물 개수 개념

수하물 개수 개념은 무료 수하물 허용 기준이 수하물 개수로 결정되는 것을 의미한다. 각 수하물은 정해진 부피와 무게를 초과하지 않아야 한다.

- 개수 개념은 위탁 수하물의 개수, 크기, 무게를 기준으로 한다.
- 개수 개념을 적용할 때, 항공권 수하물 조건에 "PC" 코드를 표시한다.

초과 수하물

초과 수하물은 허용된 수하물의 크기, 개수, 무게가 무료 허용 기준을 초과하는 것을 의미한다. 항공사에 따라 추가 수하물 비용을 부과하거나 화물로 보내는 경우도 발생한다. 일부 항공사는 특정 노선에 초과 수하물 금지 조치를 내려 초과 수하물을 허용하지 않는다.

일반적으로 초과 수하물을 소지한 승객은 초과 요금을 지불해야 하며, 물건을 두고 갈 수도 있다.

초과 수하물은 항공사가 개별적으로 설정하며, 지상직원은 승객이 지불해야 하는 초과 수하물 요금을 결정하고, 승객의 항공권에 있는 무료 수하물 허용범위를 확인한다.

항공권에 기재된 수하물 한도는 항상 허가된다. 승객이 연결 항공편에 탑승하는 경우 초과 수하물 비용은 수하물이 체크되는 지점까지만 부과된다. 요금은 여행 일정의 전체 또는 일부에만 부과할 수 있다. 여정 중 일부에만 초과 수하물 비용을 부담한 경우, 해당 부분에 대해서만 수하물을 확인하고 라벨을 표시할 수 있다. 초과 수하물 비율 계산은 무게나 개수 개념 적용 기준에 따라 다르다.

초과 수하물 티켓은 승객이 체크인한 초과 수하물 양과 추가 수하물 요금을 표시하는 인증서·영수증으로 발급된다.

9) 특별 수하물

(1) 기내반입 악기

너무 크거나 부서지기 쉬운 물건(예 악기)을 가지고 여행하는 승객은 별도의 항공권 좌석(CBBG)을 구매해야 한다. 큰 물품은 다음 기준을 충족해야 한다.

- 100lbs(45kg)를 초과하지 않는다.
- 비행 중 움직이지 않도록 안전벨트로 고정한다.
- 부상 가능성을 피하기 위해 안전하게 포장하거나 덮어야 한다.
- 출구, 비상구, 복도 사용에 방해되지 않는다.
- 안전벨트, 금연, 출구 사인을 가리지 않는다.
- 위험물이 포함되지 않는다.
- 소유주와 같은 객실에, 가능한 소유주 옆에 있어야 한다.

첼로, CBBG

(2) 미디어 백 관련 수하물

네트워크 회사, 텔레비전 방송 회사, 상업영화 제작업체가 사용하는 카메라, 필름, 비디오테이프, 조명, 사운드 장비가 포함된 미디어 백은 초과 수하물 요금을 적용하여 허가한다. 사진이 붙어 있는 회사 신분증을 제시해야 한다.

(3) 화장된 유해

화장된 유해는 다음 절차에 따라 기내반입수하물이나 위탁 수하물로 허용한다.

- 기내반입수하물 : 유해는 엑스레이 기계를 통과해야 한다. 금속 용기는 허용되지 않는다. 보관 용기는 여행 중 열 수 없다.
- 위탁 수하물 : 보안 검색을 통해 허가된 화장된 유해는 위탁 수하물로 운송할 수 있다.

(4) 유모차와 아동 보호용 의자

유모차와 아동 보호용 의자는 표준수하물에 포함되지 않으며, 무료로 체크인 할 수 있다. 이 물품은 터미널 바깥쪽, 항공권 카운터나 게이트에서 체크인 가능하다. 아동용 의자는 좌석을 구매한 경우에 기내좌석에 장착할 수 있으며 유아의 경우 좌석을 점유하지 않고 보호자가 안고 탑승해야 하는 경우로 아동용 의자는 빈 좌석이 있는 경우에만 기내에 반입 가능하며, 이 경우 아이를 안전하게 앉힐 수 있다. 빈 좌석이 없으면 탑승게이트에서 위탁 수하물로 처리해야 한다.

(5) 의료용품과 장비

의료용품과 장비는 추가 비용 없이 기내 반입이 가능하다. 일부 의료용품은 표준 크기와 무게 제한을 준수해야 한다. 큰 가방에 다른 필수품과 함께 있는 경우에는 무료 수하물로 취급하지 않는다.

- 호흡 보조기 : 대부분의 항공사는 150lbs(68kg)를 넘지 않는 비상구조용 호흡 보조기를 위탁 수하물로 허용하며, 항공사 예약 사무실에 미리 알려야 한다.
- 주사바늘, 주사기 : 의약품 사용시 라벨이 있는 경우에 한해 기내반입을 허용한다.

(6) 부패하기 쉬운 수하물

항공사는 부패하기 쉬운 물품이 목적지 국가의 농업 규제를 위반하지 않으면 기내반입을 허용한다. 부패하기 쉬운 물품에는 신선하거나 얼어있는 식품, 과일, 채소, 육류, 생선, 가금류, 제과 제품, 다양한 종류의 꽃이 포함된다. 기내반입 제한 기준을 초과하는 물품은 항공사가 제한된 책임 계약서를 작성한 후에 위탁 수하물 허용 한도 내에서 허가한다. 항공사는 운송 중 수하물 칸에서 상하거나 변할 수 있는 물품에 대한 책임을 지지 않는다.

(7) 휠체어와 보조 기구

장애가 있는 승객은 무료로 휠체어와 보조 기구를 소지할 수 있다. 이 장비는 정확히 확인 및 태그 후 승객과 함께 운반하고, 경유지나 목적지에서 신속히 사용할 수 있도록 한다. 기내로 운반하지 않는 경우에는 접근이 쉬운 수하물 칸에 탑재한다.

(8) 스포츠 장비

스포츠 장비는 무료 수하물 허용 한도 내에서 위탁 수하물로 승인 가능하며, 초과 시 요금을 부과한다.

- 위탁 수하물로 승인되는 장비 : 스쿠버, 스키, 하이킹, 서핑, 자전거, 낚시, 사냥 소총, 골프 등
- 화물로만 취급되는 장비 : 장대, 카누, 카약

(9) 생동물 운송

생동물(애완동물)은 IATA 생동물 규정과 출발, 경유, 도착 국가의 규정을 따라야 운송이 허용된다. 생동물은 환기시설이 적절한 장소에 탑재하며, 일반 초과 수하물 가격이나 화물 가격 중 하나를 선택하여 요금을 지불해야 한다.

PETC(Pet in Cabin)

- 허용 동물 : 개, 고양이, 새
- 금지 동물 : 설치류 및 기타 동물
- 무게 제한 : 각 동물의 몸무게가 5kg 이상인 경우, 기내 반입이 허용되지 않을 수 있다.
- 조건 : 적합한 컨테이너에 넣어야 한다.
- 특이 사항 : 걸프 국가에서는 매 종류 새를 PETC로 운반할 수 있다.

AVIH(Animal vivant in hold, Live Animal in Hold)

- 위탁 조건 : 동물이 일어서고, 눕고, 돌 수 있는 크기의 컨테이너 제공
- 안전 기준 : 컨테이너는 안전하게 고정해야 하며, 여행 시간에 따라 먹이와 물을 제공해야 한다.
- 추가 사항 : 일부 항공사는 컨테이너를 팔거나 임대한다.
- 서류 확인 : 지상직원이 동물의 상태와 서류를 교차 확인한다.
- 화물 취급 : AVIH는 화물로 취급하며, 화물 요금을 지불하고 필요한 서류를 작성해야 한다.
- 문서 제출 : 원산지, 목적지 및 교통수단에 관한 모든 문서를 제출해야 한다.
- 규정 준수 : 규정을 준수하지 않을 경우 과징금이 부과될 수 있다.

책임 및 보험

- 책임 : 항공사는 애완동물에 대한 책임을 지지 않는 경우가 많아 승객은 애완동물 보험에 가입을 권장한다.
- 통지 : 애완동물 운송은 항상 항공사에 미리 통지해야 한다.
- 운임 : 애완동물 수송 운임은 항공사에서 정하며, 무료 수하물에 포함되지 않는다.

가이드견

시각, 청각 장애 고객 등 동행하는 보조견은 무료로 운송된다. 장애고객 보조견은 훈련받은 공인인증서를 부착하고 Harness를 착용할 경우, 별도의 운송 용기 없이 기내에 허용 가능하다.

- 시각장애인 안내견
- 청각장애인 안내견
- 기타 지원견 (뇌전증 또는 자폐증 환자 지원)
- 구조견

(10) 무기류와 탄약류

무기류와 탄약류는 실제 무기(권총, 장총 등), 무기 형상을 한 물건, 권총 탄약을 포함한다. 다음과 같은 물품이 해당된다.

무기류의 예

- 모든 권총과 구성 요소
- 모형 권총과 장난감 총
- 공기총, 소총
- 신호탄 피스톨
- 공포탄 총
- 석궁(활)
- 작살과 작살 총
- 총 모양의 라이터

스포츠 용품과 사냥 무기

- 스포츠 용품과 사냥 무기만 승객의 수하물로 허용한다.
- 슈팅 게임, 새와 기타 동물 표적 슈팅, 클레이 피전 슈팅 및 사격을 위해 고안된 스포츠 무기는 문제가 없어야 한다.

포장 및 운송 규정

- 무기류와 탄약류는 별도의 가방에 포장해야 한다.
- 필요 시 두 물품을 분리하기 위한 수하물 박스를 사용한다.
- 무기는 반드시 장전되어 있지 않아야 한다.
- 1.4S(특정한 위험물)로 분류된 소형 무기(사냥과 스포츠 무기)의 탄약만 허용된다.
  - 승객 당 최대 총 중량 5kg까지 가능하며, 그 이상의 양은 항공화물로만 운송한다.
  - 운송용 상자 안에 있는 경우나 위탁 수하물로만 허용한다.
  - 안전하게 포장된 경우에만 허용된다.

기타 규정

- 모든 무기류와 탄약류는 항공사 규정을 엄격히 따라야 한다.
- 관련 서류와 허가서를 지참해야 한다.
- 무기류와 탄약류의 운송을 미리 항공사에 통보하고 승인받아야 한다.

10) 수하물 처리

(1) BHS

BHSBaggage Handling System는 컨베이어 벨트를 이용해 체크인 카운터에서 수하물을 컨테이너나 카트로 운반하는 시스템이다. BHS는 위탁 수하물을 항공기에서 수하물 찾는 지역이나 다른 항공기에 탑재할 곳으로 운송한다. BHS의 주요 기능은 수하물

공항의 BHS

의 운송이지만, 공항 내에서 수하물이 정확한 지역으로 이동하는지 확인하는 기

능도 포함된다. 시스템은 바코드 리더 등 기술을 사용해 수하물을 분류하고 적절한 핸들링 과정을 거친다.

(2) 보안 검색

IATA PSCRM RP^{Recommended Practices}1800은 수하물 핸들링 자동화에 대한 지침을 제공한다. 이 지침은 항공사, 공항, 시스템 제공자에게 수하물을 처리하는 방법을 안내한다. 자동화된 위탁 수하물 검사 시스템^{Hold Baggage Screening System}은 무기, 폭발물 등 위험물을 탐지하고 식별한다.

(3) 수하물 분류

수하물 분류는 아웃바운드 수하물과 경유 수하물을 구분하는 것이다. 대부분의 항공사는 자동화된 수하물 분류 시스템을 사용한다. 이 시스템은 수하물을 자동으로 분류하여 정확한 목적지로 보낸다. 수하물이 체크인 카운터에서 태그되고, 보안 검색 후 지상직원이 수하물을 컨베이어 벨트로 보낸다. 분류된 수하물은 우선순위에 따라 트롤리(카트)나 컨테이너로 옮겨진다. 이를 통해 터미널 간 빠르고 정확하게 운송된다.

(4) 수하물 일치

수하물 일치는 보안을 위해 승인된 수하물만 운송한다. 관련 자료는 항공편의 BRS^{Baggage Reconciliation System}에 저장된다.

(5) 수하물 회수

항공편이 도착하면 수하물을 항공기에서 내려 수하물 수취대^{Carousel}를 통해 수하물 찾는 곳으로 운반한다. 수하물 수취대 보안검색과 세관검색을 쉽게 할 수 있도록 설계되었다.

연습문제

01 국제항공 승객이 소지해야 할 서류가 아닌 것은 무엇인가?

    A. 여권   B. 통행 허가증

    C. 군인 신분증   D. 국내 운전면허증

02 APIS(Advanced Passenger Information System)에서 항공사가 특정 국가의 기관 담당자에게 제출해야 하는 정보가 아닌 것은 무엇인가?

    A. 전체 이름   B. 성별

    C. 신용카드 번호   D. 출생일

03 키오스크 체크인의 종류 중 여러 항공사가 함께 사용하는 공용 키오스크를 무엇이라고 하는가?

    A. 항공사 체크인 키오스크   B. CUSS 체크인 키오스크

    C. 인터넷 체크인 키오스크   D. 모바일 체크인 키오스크

04 체크인 카운터의 기본 사항 목록에 포함되지 않는 것은 무엇인가?

    A. 수하물 라벨 프린트 준비   B. 탑승권 프린터에 종이 장착

    C. 승객의 건강 상태 확인   D. 청결 유지

05 체크인 시 승객이 보안 관련 질문에 답해야 하는 질문으로 적절하지 않은 것은 무엇인가?

    A. 이 가방이 본인 소유이며, 본인이 가방을 챙겼습니까?

    B. 가방 안에 다른 사람이 운반을 요청한 물건이 없습니까?

    C. 가방을 싸는 순간부터 지금까지 항상 직접 관리할 수 있는 곳에 있었습니까?

    D. 항공편의 출발 시간이 언제인가요?

06 출구열 좌석 배제 대상이 아닌 사람은 누구인가?

A. 어린이와 유아   B. 장애인
C. 임산부   D. 건강한 성인

07 BCBP(Bar-Coded Boarding Pass)의 장점으로 적절하지 않은 것은 무엇인가?

A. 승객은 집에서 바코드 탑승권을 프린트할 수 있다.
B. 하나의 문서로 전체 여행 동안 사용할 수 있다.
C. 승객이 항공사와 직접 대면할 필요가 없다.
D. 수하물 드롭오프 지역 또는 게이트로 직접 이동할 수 있다.

08 다음 중 기내반입수하물의 기준에 맞지 않는 경우는 무엇인가?

A. 최대 길이 56cm, 넓이 45cm, 깊이 25cm 이내인 경우
B. 항공사의 사전 승인을 받은 경우
C. 좌석 밑이나 머리 위 보관함에 들어가는 경우
D. 액체류가 기준에 맞지 않는 경우

09 인터라인 수하물에 대한 설명으로 옳지 않은 것은 무엇인가?

A. 다른 항공사 항공편 간에 옮겨지는 수하물을 의미한다.
B. 탑승객 항공권에 명시된 최종 목적지까지 체크인하고 태그를 붙여야 한다.
C. 다양한 연결편을 이용하는 승객의 수하물은 특정 방법으로 탑재되어 중간 기착
   지에서 신속하게 하역할 수 있다.
D. 같은 항공사 항공편 간에 옮겨지는 수하물을 의미한다.

10 다음 중 항공사가 수하물 운송을 거부하는 경우에 해당하지 않는 것은 무엇인가?

A. 위험 가능성이 큰 물품
B. 출발지, 경유지, 목적지 국가의 법령에 의해 금지된 물품
C. PNR에서 요청되지 않은 초과 수하물
D. 기내반입수하물로 보관할 귀중품

11 다음 중 인터라인 수하물 태그를 부착하는 경우는 무엇인가?

A. 승객의 수하물이 경유 없이 최종 목적지까지 바로 운송되는 경우
B. 수하물이 중간 기착지에서 다른 항공기로 옮겨지는 경우
C. 프리미엄 클래스 승객의 수하물에 우선 순위 라벨을 부착하는 경우
D. 무거운 수하물에 초과무게 라벨을 부착하는 경우

12 다음 중 수하물 운송을 거부할 수 있는 항목은 무엇인가?

A. 승객의 개인 서류　　　　　　B. 생동물, 무기류, 군수품, 폭발물
C. 승객의 여권과 신분증　　　　D. 비상시에 필요한 약품

13 다음 중 무료로 위탁 수하물 처리되는 물품은 무엇인가?

A. 스포츠 장비　　　　　　　　B. 의료용품과 장비
C. 화장된 유해　　　　　　　　D. 미디어 백

14 애완동물(PETC)을 기내에 반입하기 위한 조건으로 옳지 않은 것은 무엇인가?

A. 개, 고양이, 새는 허용된다.
B. 각 동물의 몸무게가 5kg 이상이면 반입이 제한될 수 있다.
C. 설치류도 반입이 허용된다.
D. 적합한 컨테이너에 넣어야 한다.

15 다음 중 항공기로 운송 시 별도의 가방에 포장하지 않아도 되는 물품은 무엇인가?

A. 권총　　　　　　　　　　　B. 탄약류
C. 석궁　　　　　　　　　　　D. 낚시 장비

16 수하물 일치의 목적은 무엇인가?

A. 수하물의 무게를 확인하기 위해　B. 수하물의 상태를 점검하기 위해
C. 승인된 수하물만 운송하기 위해　D. 수하물의 크기를 측정하기 위해

정답과 해설

번호	정답	해설
01	D	국제항공 승객은 국내 운전면허증이 아닌 여권이나 기타 공식 신분증을 소지해야 한다.
02	C	APIS에서는 신용카드 번호가 아닌 여권 정보와 비행 정보를 교환한다.
03	B	CUSS 체크인 키오스크는 공항이 제공하며, 여러 항공사가 함께 사용하는 공용 키오스크이다.
04	C	체크인 카운터의 기본 사항 목록에는 승객의 건강 상태 확인이 포함되지 않는다.
05	D	항공편의 출발 시간은 보안 관련 질문에 포함되지 않는다. 보안 관련 질문은 가방의 소유와 관리에 대한 것이다.
06	D	출구열 좌석은 건강한 성인에게만 배정되며, 어린이와 유아, 장애인, 임산부 등은 배정될 수 없다.
07	C	BCBP는 승객이 항공사와 직접 대면할 필요가 없다는 것이 장점으로 언급되지 않았다.
08	D	액체류가 기준에 맞지 않는 경우 기내반입이 불가능하다.
09	D	같은 항공사 항공편 간에 옮겨지는 수하물은 온라인 수하물이다.
10	D	기내반입수하물로 보관할 귀중품은 운송 거부 사유에 해당하지 않는다.
11	B	인터라인 수하물 태그는 수하물이 중간 기착지에서 다른 항공기로 옮겨질 때 부착한다.
12	B	항공사는 생동물, 무기류, 군수품, 폭발물 등 위험 가능성이 큰 물품의 수하물 운송을 거부할 수 있다.
13	B	의료용품과 장비는 추가 비용 없이 기내 반입이 가능하다.
14	C	설치류는 애완동물(PETC)로 기내 반입이 금지되어 있다.
15	D	낚시 장비는 무기류나 탄약류에 포함되지 않으므로 별도의 가방에 포장하지 않아도 된다.
16	C	수하물 일치는 보안을 위해 승인된 수하물만 운송하는 것을 목적으로 한다.

제**4**장

승객 유형과 도착 및 환승 서비스

1 지상직원의 탑승수속 전 업무

지상직원의 탑승수속 전 업무는 체크인 시스템에 필요한 데이터가 정확히 입력되었는지 확인하는 것이다. 지상직원은 코드셰어 항공편의 예약 상태를 점검하고, PNL과 ADL이 정확히 전송되었는지 확인한다. 보안요원과 승무원의 좌석을 블록하고, 중량배분과 좌석 평면도를 확인한다.

PNR에 있는 승객의 예약 상태를 기록하고, 비행 정보와 게이트, 지연 상황을 확인한다. 특별 승객 명단과 좌석 배정을 점검하며, 웹 체크인이 가능한지 확인한다. 탑승수속 전에 장비를 점검하고, 탑승권과 수하물 태그 프린터를 준비한다. 위험물 공지사항을 눈에 잘 띄게 배치하고, 대기 줄과 수하물 규격 측정 프레임 등을 준비한 후 승객 체크인을 진행한다.

2 승객 유형

1) 중요한 승객

(1) 중요한 승객의 종류
중요한 승객의 종류는 다음과 같다.

- VVIP (Very Very Important Persons) : 국가수반, 왕족, 대통령
- VIP (Very Important Persons) : 고위급 정부 인사, 외교관, 특정 회사의 최고 책임자, 세계적으로 유명한 사람
- CIP (Commercially Important Persons) : 상업적으로 중요한 승객으로, 항공사는 이들에게 충성도에 따라 특정 혜택을 제공한다. 대부분 항공사 마일리지에 따라 프리미엄 멤버십(실버, 골드 등)을 가지고 있다.

(2) 중요한 승객들에게 주는 혜택

항공사는 VVIP, VIP, CIP에게 예약 우선권과 지상 및 기내 우대 혜택을 제공한다. 이들은 VIP 라운지와 전용 체크인 카운터를 이용할 수 있고, 대기자 명단에서도 우선권을 가진다. 탑승 우선권과 수하물 운반 우선권도 제공되며, 첫 번째 줄 좌석 선택과 미리 배정된 좌석 이용 권리가 있다. 지상직원은 VIP 코드를 기재하여 수하물에 우선순위 라벨Priority tag or Door side tag을 붙인다. 항공편 취소 시 가장 먼저 다른 항공편을 찾는 도움을 받으며, 초과예약overbooking으로 인한 비행편 오버플로우flight overflow 시 가장 마지막에 내려야 한다.

VIP를 위한 공항 특별 미팅
서비스

(3) 중요한 승객 관리 지침

VVIPS, VIPS, CIPS 승객을 대할 때는 다음 지침을 따른다.

- 예약은 PNR에 VVIP, VIP, CIP를 표시하고 다른 승객과 동일하게 처리한다. 예약부서는 출발 및 도착지점에 특별 메시지를 전송한다.
- VIP는 우선권 좌석에 배정되며, 예약센터에서 기록된 좌석 요청을 DCS에서 수정한다.
- 공항에 도착한 귀빈은 담당 직원이 이동 운송수단을 준비하고, VIP 라운지로 에스코트한다.
- 귀빈의 위탁 수하물에는 우선순위 라벨을 부착하고, 다른 승객의 수하물과 분류되어 도착지에서 첫 번째로 내려지도록 한다.

2) 임신중인 승객

임산부는 일반 승객과 동일한 규정을 따르지만, 특별한 지원이 필요하다. 출산 예정일이 임박한 임산부는 특별 규칙을 따르며, 항공사마다 규정이 다르다. 대한항공은 임

신 32주, 싱가포르 항공은 임신 28주까지는 의사 소견서 없이 여행할 수 있다. 임신 33주~36주(대한항공), 29주~36주(싱가포르 항공) 이상인 경우 항공사 의료서비스 부서의 허가가 필요하다. 합병증, 쌍둥이 임신, 유산, 조기 출산 가능성이 있는 경우 항공사 의료서비스 부서에 문의해야 하며, 임신 37주부터는 탑승이 제한된다. 임산부는 출구열 좌석을 배정받을 수 없다.

3) 유아

유아는 탑승일 기준 생후 24개월 미만의 승객이다. 기내에 허용 가능한 최대 유아 수는 유아용 요람, 구명조끼, 안전띠 수에 따라 결정된다. 기내 좌석 열 당 최대 유아 수는 산소마스크 수에 의해 제한된다.

유아 기내 운송은 주로 유아용 요람을 사용하며, 이는 무료로 제공된다. 유아용 요람은 예약사무실을 통해 예약할 수 있으며, 유아용 요람은 항공기 구조에 따라 class별로 설치할 수 있는 개수가 제한적이고 설치할 수 있는 좌석이 정해져 있기 때문에 우선적으로 예약을 한 경우 서비스 제공이 가능하며 사전 예약을 하지 않은 경우에는 공항에서 유아용 요람을 설치할 수 있는 좌석이 남아 있는 경우에 좌석배정이 가능하고 시스템에 코멘트(BSCT : bassinet)를 남겨 승무원에게 전달되는 FHR^{flight handling report}에 반영되도록 한다.

4) 보호자 비동반 미성년자

(1) 보호자 비동반 미성년자의 정의

보호자를 동반하지 않고 혼자 여행하는 미성년자(UMNR) Unaccompanied Minors 는 다음과 같다.

- 혼자 여행하거나 부모와 다른 객실 칸에 예약되어 좌석이 배정된 아이이다.
- 만 5세 이상~만 12세 미만의 아이이다.
- 12~17세 사이의 아이는 요청 시에 혼자 여행하는 청소년(YP) Young Passenger으로 분류한다.

(2) 보호자 비동반 미성년자의 부모나 보호자의 의무사항

보호자를 동반하지 않은 미성년자의 부모나 보호자는 다음 사항을 지켜야 한다.

- UM으로 항공권을 예약한다.
- UM을 공항 출국장까지 데려가는 보호자와 도착지 공항에서 마중 나오는 보호자의 이름, 주소, 전화번호를 항공사에 제공한다.
- UM이 공항 출국장까지 안전하게 도착했는지 확인한다.
- 도착지 공항에서 미리 제공된 정보와 일치하는 지정된 사람이 UM을 마중 나왔는지 확인한다.
- 1박 경유가 필요할 때에는 숙박 경유지에서의 UM 보호에 대한 사전 계획을 세우고, 비용을 지불한다.

UM은 반드시 여행의 모든 과정에 대한 예약이 확인되어 있어야 하며, 절대로 보호자 없이 혼자 남겨지거나 항공기에서 내리지 않는다. 기내에서 적절한 보호를 확실하게 받을 수 있도록 특정 좌석 열이 UM에게 할당된다. 장애가 있거나 아픈 아이는 절대 UM으로 예약할 수 없다.

모든 UM은 관련된 서류를 가지고 여행한다. 출발 공항 및 도착 공항에서 동반하는 보호자에 관한 모든 정보와 연락 주소, 전화번호를 기입한 파일이나 서류를 반드시 준비해야 하며, 이 서류는 여행 전반에 걸쳐 승객의 신원을 확인하기 위해서 필요하다.

(3) 관리 절차

2세~4세 아동

나이 제한은 항공사에 따라 달라질 수 있으며, 좌석 비용을 지불해야 한다. 어린이는 혼자서 항공기에 탑승할 수 없지만 전체 여정을 책임지는 별도의 승무원이

동반할 때에는 가능하다. 별도의 승무원 비용은 UM의 보호자가 지급해야 한다.

5세 ~ 12세 아동

이 연령대의 아동은 혼자 여행할 수 있다. UM은 공항에 올 때 반드시 부모나 해당 아동에 대한 법적 책임을 가진 보호자와 함께 와서 항공사에 아동을 인도해야 한다. 아동의 개인 서류는 여행 중 항공사의 특별 서류 주머니에 넣어 보관한다. 이 서류 주머니에는 아동의 개인 ID(카드 또는 여권), 아동에 대한 모든 정보가 기입된 항공사 서류나 보호 서류(이름, 성, 주소, UM 본인, UM을 출국장까지 동행한 보호자와 경유지나 출발지에서 아동과 동반하기 위해 기다리는 보호자의 전화번호)와 UM의 항공권이 들어 있어야 한다.

도착 공항에서는 UM을 항공사로부터 인계받을 부모나 법적 책임자가 대기해야 한다. 비상출구열에는 UM의 좌석을 배정하지 않으며, 항공사 정책에 따라 좌석을 배정한다. 나이 제한과 구분은 항공사마다 차이가 있을 수 있다.

5) 특별한 도움이 필요한 승객

다음 승객은 특별히 관리한다.

- MAAS(Meet and Assist) : 도움이 필요한 나이가 많은 승객
- LANG(Language Problems) : 한 가지 언어만 할 수 있으며, 다른 언어를 전혀 모르는 승객
- BLND(Blind Passenger) : 시각장애 승객(안내견 동반 가능)
- DEAF(Deaf Passenger) : 청각장애 승객(안내견 동반 가능)
- DPNA(Developmental Disabilities Needing Assistance) : 도움이 필요한 지적 또는 발달 장애 승객

나이가 많은 승객과 영어로 의사소통을 할 수 없는 승객에게 특별한 주의를 기울이고, 경유 및 탑승수속 시에 도움을 준다. 승객이 항공권을 예약할 때 도움이 필요하

공항의 미팅 및 도움 서비스

다는 사실을 예약 직원에게 알리면, 예약 직원은 시스템 PNR에 SSR를 표시한다. 공항에서는 PNL에 반영된 특별 서비스 코드를 통해 특별한 도움이 필요한 승객을 알 수 있다.

6) 거동이 불편한 승객

지상직원은 거동이 불편한 승객에게 적절한 도움을 제공하기 위해 다양한 신체장애에 대해 인지하고 있어야 한다. 특정 좌석은 의료지원이 필요하거나 신체장애가 있는 승객을 위해 특별히 배정된다.

도움이 필요한 승객을 위한 서비스

(1) 거동이 불편한 승객의 정의

거동이 불편한 승객(PRM Passengers with Reduced Mobility)의 허가와 운송은 IATA PSCRM Resolution 700에 따른다. 거동이 불편한 승객은 신체적 장애(운동기관 또는 감각기관), 지적장애, 나이, 질병 등의 이유로 이동성이 감소된 사람을 말한다. 이들은 일반 승객보다 특별한 편의나 도움이 필요하다. 도움 요청은 승객 자신, 가족, 의료기관, 항공사 직원, 또는 여행사 직원이 할 수 있다.

(2) 거동이 불편한 승객의 분류

거동이 불편한 승객은 다양한 그룹으로 분류되며, 항공사 메시지를 통해 확인한다. 주요 분류는 다음과 같다.

- WCHR(Wheelchair-R for Ramp) : 계단을 오르내릴 수 있고, 항공기로 혼자 이동 가능하지만 먼 거리 이동 시 휠체어가 필요한 승객
- WCHS(Wheelchair-S for Steps) : 계단을 오르내릴 수 없으나 기내에서 이동 가능, 공항에서 휠체어 필요
- WCHC(Wheelchair-C for Cabin Seat) : 전혀 움직일 수 없는 승객, 공항과 기내에서 휠체어 필요
- WCMP(Manual Power) : 수동휠체어 소유 승객
- WCOB(Wheelchair On Board) : 기내에서 이동 목적으로 항공사가 제공하는 휠체어 요청 승객

거동이 불편한 승객을 위한
휠체어 서비스

휠체어 장비 코드와 함께 다음과 같은 휠체어 장비 코드를 기록한다. 이 휠체어는 수하물 허용기준과는 별도로 허용되며, 요금을 부과하지 않는다.

- WCBD(Wheelchair with Dry Battery) : 건전지 휠체어
- WCBW(Wheelchair with Wet Battery) : 습식전지 휠체어
- WCLB(Wheelchair with Lithium Battery) : 리튬전지 휠체어

휠체어의 무게와 크기는 휠체어에 명시하며, 배터리를 사용하는 휠체어 운송 시에는 배터리를 분리하고 항공사와 기장에게 미리 통지한다. 모든 경유지에서 휠체어와 배터리를 재검사한다.

(3) 의료 사례

의학적 도움이 필요한 승객은 비행 중 건강을 유지하기 위해 특별한 주의나 장비가 필요하다. 비행으로 인해 상태가 나빠질 수 있는 질병이나 장애는 다른 승객이나 승무원의 안전과 복지에 영향을 미칠 수 있다.

주요 분류

- MEDA(Medical Case) : 만성 질병이나 정신적 장애로 인해 의학적 승인이 필요한 승객.
- LEGL(Leg in Cast – Left) : 왼쪽 다리에 깁스를 하거나 수술을 받은 승객.
- LEGR(Leg in Cast – Right) : 오른쪽 다리에 깁스를 하거나 수술을 받은 승객.
- OXYG(Oxygen) : 비행 중에 산소가 필요한 승객.
- STCR(Stretcher Passenger) : 들것에 실려 여행하는 승객으로, 들것을 위한 여분의 좌석이 필요하다.

들것 환자의 처리 절차

- 들것 환자의 예약과 운송은 항공사의 예약관리팀이 관리하며, 의료 데스크에서 의료허가를 받는다.
- 항공사의 기술부서는 들것 제공을 담당한다.
- 들것 키트에는 침구, 베개, 커튼이 포함된다.
- 들것 환자는 간병인을 동반하며, 승무원은 일상적인 치료나 개인적인 필요를 도울 수 없다.
- 들것에 실린 승객은 다른 승객이 모두 내린 후에 내린다.
- 들것 환자의 연결 시간은 최대 3시간까지 예약할 수 있으며, 항공사에 따라 다를 수 있다.
- 들것 환자는 일반 운임의 6배를 지불한다.
- 들것 환자는 일등석이나 비즈니스석으로 운반될 수 없다.
- 무료수하물 허용량은 지불된 운임 6배에 맞추며, 기내반입수하물 제한은 각 승객에게 적용된다.
- 필요한 경우 산소 호흡기를 설치할 수 있다.

기내 환자 운송 사례

(4) MEDIF

의료 확인이 필요한 승객은 담당 의사가 작성한 MEDIF^{Medical Information Form}를 항공사에 제출해야 한다. 이 양식은 항공사의 의료 데스크로 보내져, 항공사의 승객 의료진이나 인증된 의사가 확인한다. 인증된 양식은 MEDA^{Medical Advice Signal}로 변환되어 모든 관련 부서에 전달된다. 항공사는 이 자료를 연결 항공사의 예약 사무실로 전송하며, 연결 항공사는 승객 허용 조건을 명시하여 통지한다.

예약사무실은 모든 연결 항공사의 답변을 통합하여 전체 업무를 마무리한다. 승객이 모든 조건과 비용을 받아들이면, 해당 업무는 마무리되며, 특별 서비스 코드를 사용하여 예약시스템에서 좌석이 예약된다.

MEDIF 양식

(5) 상용여행객의 의료 카드

영구적인 장애인이나 만성 질병을 가진 상용고객의 항공 여행 편의를 위해, 항공사 의료부서는 상용여행객을 위한 의료카드(FREMEC Frequent Traveller's Medical Card)를 제공한다. 이 카드의 규정은 발급 항공사의 약관을 따른다.

(6) PRM(Passengers with Reduced Mobility) 관리 절차

거동이 불편한 승객을 지원하기 위해서 지상직원은 탑승수속 시 승객의 항공권과 DCS 상의 특별 서비스 코드(STCR, MEDA, OXYG, WCHC 등)를 주의 깊게 확인해야 한다. 이를 통해 거동이 불편한 승객을 지원하고 운송하기 위한 필요사항이 모든 규정에 맞추어 준비되어 있는지 점검한다.

휠체어나 들것과 같은 보조 장치는 공항에서 거동이 불편한 승객을 운송하는 데 필수적이다. PRM과 보호자에게는 탑승 전에 필요한 시설

승객의 최소 이동

과 설비를 제공한다. PRM의 좌석은 출구열을 제외한 다른 좌석에 배정되며, 특별 장비는 항공기 door side에 탑재하여 적시에 전달한다. 위탁한 휠체어와 기타 보조 장비는 가능한 한 빨리 항공기 입구에 전달된다.

경유지에서는 PRM이 보호자와 함께 기내에 머무를 수 있도록 하여 해당 안전과 보안 규칙을 준수할 수 있게 한다. 전담자는 PRM이 경유지나 도착지에서 내린 후, 법적 통관 절차와 수하물 처리 과정에서 반드시 도움을 주어야 한다. 마지막으로, PRM의 관리 정보에 대한 다운라인 노티스는 경유 지점과 입국 공항에 반드시 전송해야 한다.

7) 추가 좌석이 필요한 승객

항공기의 여유 좌석은 기내반입수하물, 승객의 편안함, 들것을 사용하는 승객을 위해 필요하다. IATA PSCRM Resolution 720a는 추가 좌석 요청의 수락 및 취급 절차에 대한 지침을 제공한다. 일부 항공사는 탑승 수속 시 승객의 편안함이나 객실 수하물 운반을 위해 추가 좌석 요청을 받아들인다. 추가 요금은 항공기 초과 수하물 티켓이나 EMD^{Electronic Miscellaneous Document}를 사용하여 정산한다. EMD는 항공사가 기타 항목에서 발생하는 해당 요금을 징수하기 위해 발급하는 전자기록서이다.

(1) 기내반입수하물을 위한 여유 좌석

승객이 수하물이나 악기를 싣기 위해 기내 좌석이 필요할 경우에는 항공권에 있는 승객 이름 뒤에 CBBG^{Cabin Baggage} 코드를 적은 수하물표를 발급하거나 수하물을 위한 별도의 승객 항공권을 발급한다.

좌석에 첼로 고정하는 과정

(2) 승객의 편안한 여행을 위한 추가 좌석

승객이 더 넓은 공간을 선호하거나 자신의 신체 사이즈·몸무게(비만)로 인해 더 넓은 좌석이 필요할 때에는 할당된 좌석 옆에 좌석을 구매할 수 있다. 추가 요금은 예약 시 항공권 가격에 포함시켜 함께 계산하며, 승객의 이름 뒤에 EXST^{Extra Seat} 코드와 좌석 수를 표시한다.

중간 좌석 EXST로 구매

(3) 들것 사용 고객을 위한 추가 좌석

들것을 사용하는 승객은 항상 사전예약을 하며, 수행원과 동행한다. 들것으로 승객이 운반되는 경우에는 필요한 추가 좌석에 따라서 추가 요금을 부과하며, 항공권에 STCR^{Stretcher Passenger} 코드를 표시한다. 항공사는 STCR 관리에 관해 각각 다른 절차를 가지고 있다. 일반적으로 기내에 들것을

환자 운송을 위한 준비

놓기 위해서는 6좌석이 필요하며, 승객은 해당 여객기의 일반 편도 성인 이코노미 요금의 6배를 지불한다.

8) 강제 추방자와 입국 불가 승객

(1) 강제 추방자 유형

강제 추방자는 정부가 해당 국가에서 떠나도록 명령한 사람이다. 두 가지 형태의 강제 추방이 있다.

* 강제퇴거 : 정해진 날짜 안에 본인 경비로 자발적으로 국가를 떠나도록 명령하는 경우다. 이는 법적으로 입국했으나 더 이상 거주 허가를 받을 수 없는 외국인에게 적용된다.

- DEPO(deportee) : 정부가 개인을 강제적으로 추방하는 경우다. 이는 강제퇴거 명령을 따르지 않거나 위법 행위 또는 형사법에 따른 유죄 판결 시 적용된다. 형량 전후로 추방할 수 있다.

강제 추방자는 두 가지 유형으로 나뉜다.

- DEPA : 호송원을 동반해야 하는 강제 추방자
- DEPU : 호송원을 동반하지 않는 강제 추방자

잠재적으로 위험한 승객(DEPA)

① 폭력 범죄자

② 중독자

③ 폭력적 태도를 보이는 자

④ 중증 급성 전염병에 걸린 자(항공사 진료소 승인 필요)

⑤ 보내지는 국가에 입국을 원치 않는 자

위험하지 않은 승객(DEPU)

① 고용주와 논쟁한 자

② 비자 기간을 초과한 자

③ 불법 입국자 또는 위조 서류 입국자

④ 비폭력 범죄 형기 종료자

⑤ 의학적 이유로 추방된 자(항공사 진료소 승인 필요)

(2) 강제 추방자 관리

출입국 관리소 관계자는 추방 승객과 호송원의 좌석 예약을 승인받기 위해 항공사 보안부서에 연락한다. 강제 추방자는 일반적으로 항공기 뒤쪽 좌석에 배치되며, 다른 승객과의 접촉을 막기 위해 주위 좌석을 차단한다.

강제추방 범죄자는 반드시 호송원이 동반한다. 강제 추방을 명령한 국가의 관계자가 항공권을 제공할 책임이 있다. 예약 직원은 승객 이름 위에 "DEPA"나 "DEPU" 코드를 표기해 항공권을 발급한다. 인터라인 항공기 이용 시에는 인터라인 예약 절차에 따라 사전에 연결 항공편의 예약사무실에 알린다.

(3) 강제 추방자 정보 양식

승객의 여정과 징수된 요금에 대한 모든 세부 사항을 서류에 기재한다. 양식에는 출발지, 모든 경유지, 이용 항공사, 항공편 이름 등 전체 여정을 기재한다. 추가로 강제 추방자의 전체 이름과 국적, 추방 이유, 일정, 항공편, 날짜, 경유지, 항공권 발급 세부사항, 미지불 요금 및 지불 장소, 과징금 부과 세부사항, 여권 관리자 등을 포함한다.

(4) 이송 통보

강제 추방자가 탑승하는 경우에는 출발지에서 PIL Passenger Information List을 사용해 기장과 사무장에게 통지한다. 여권과 필요한 허가서를 객실 승무원이 관리할 수 있도록 전달한다.

강제 추방자의 여정에 대한 기밀을 유지하고, 다른 승객이 이를 알아차리지 못하게 한다. 승객 서비스 메시지(PSM)에 승객을 표시하고, 객실 승무원이 여권과 서류를 안전하게 보관한다.

(5) 입국 금지

입국 거절 승객 Inadmissible Passenger은 해당 국가 정부가 입국을 거부하거나 환승 지점에서 비자 문제, 만료된 여권 등으로 이후의 여행을 금지한 승객이다. 일반적으로 출입국관리사무소에서 즉시 결정하지만, 특별한 경우에는 시간이 더 걸릴 수 있다. 주된 거부 이유는 여행 서류의 불충분이나 유효 기간 만료, 불법적 의도나 자금 부족 등이다.

입국 거절 승객이 리턴 항공권을 가지고 있다면 이를 즉시 사용해 돌아갈 수 있다. 모든 비행 쿠폰과 승객 쿠폰에 "INAD로 인한 제한 조건 취소"라고 표시해야 한다. 만약 돌아가는 항공권이 없다면, 입국 시 이용한 항공사가 수송할 의무가 있으며 스탑오버 지점까지만 항공권을 발급한다. 스탑오버 지점에서 받아주지 않

는 경우에는 승객의 최초 출발지까지 수송해야 한다

9) 업무에 지장을 주는 승객

항공사는 잠재적으로 다루기 힘든 승객의 탑승을 거부할 수 있다. 이런 승객은 탑승 전, 비행 중, 혹은 비행 후에도 강제로 내릴 수 있다. 이미 발권을 하거나 체크인한 승객이 문제를 일으킬 가능성이 있다고 판단되면, 항공기로 접근할 수 없다.

다음과 같은 행동 패턴을 보이는 승객은 업무에 지장을 줄 가능성이 있다.

- 보통 사람보다 시끄럽게 대화함
- 술 냄새가 남
- 불안하거나 침착하지 않음
- 눈 맞춤을 피함
- 덥지 않은데도 땀을 많이 흘림
- 화가 나 있거나 불안해함
- 질문에 대해 적절히 답변하지 않음

지상직원은 의심스러운 승객에게 상황 평가를 위한 질문을 하며, 이 질문은 격양되지 않은 목소리로 공손하게 한다. 이를 통해 신속하고 효율적으로 승객의 상태를 평가할 수 있으며, 승객의 탑승 여부를 결정할 수 있다. 최종 결정권은 항공사에 있다. 극단적 상황, 특히 위협이 가해지거나 실제적인 공격이 발생하면 경찰의 도움을 요청한다.

10) 무상 승객

정상 요금 승객 외에도 항공사는 무료 항공권이나 할인 항공권을 소지한 다양한 승객을 탑승시킨다. 이 승객들은 주로 항공사나 여행사 직원으로, 항공사마다 적용 기준이 다르다.

(1) 체크인 우선순위

항공기가 만석인 경우 할인 항공권을 가진 승객은 대기자 명단에 올라간다. 이 승객들은 할인 항공권 종류와 직원의 직급에 따라 분류되며, 지상직원은 이에 맞는 ID 코드를 입력한다. 항공사마다 코드가 다를 수 있으며, 일반적으로 항공사는 다음과 같은 분류를 사용한다.

- ID(Industry Discount) : 무료·할인 항공권을 소지한 해당 항공사나 인터라인 제휴사 직원
- AD(Agent Discount) : 무료·할인 항공권을 소지한 주요 업체 직원
- IP(Industry Promotion) : 무료·할인 항공권을 소지한 항공사 주요 초청 인사
- DG(Discount Government) : 정부 관계자
- GE(Group Educational) : 교육 목적으로 여행하는 직원
- UD(UFTAA Discount) : UFTAA 협의회 회원과 직원의 국내 여행

(2) DHC(Dead Head Crew)

DHC는 서비스상의 이유로 반드시 탑승해야 하는 승무원을 의미한다. 이들은 항공기 경유 중에 기내에 머무를 수 있으며, 경유지 교대팀에게 알려야 한다. 이들의 좌석은 일반적으로 예약되어 있으며, DCS에 관련 정보를 기재하는 업무 담당자가 체크인한다.

(3) 근무 중이 아닌 승무원

예약 없이 여행하는 승무원은 항공기가 만석일 경우 대기자 명단에 올라가며, 탑승 명단의 제일 끝에 올려진다. 필요 시나 기장의 허가가 있을 경우 접을 수 있는 간이 좌석에 앉아 여행할 수 있다.

항공기 점프시트는 조종실이나 객실에 있으며, 공식용어로 보조 승무원 구역이라고 한다.

조종실 안의 점프시트는 연수 중인 조종사, 다른 공항으로 이동 중인 비번인 승무원, 정부 관료나 항공사 직원에게 제공한다. 기내 점프시트는 객실승무원이 이륙과 착륙 시 사용하며, 비상구 가까이에 있어 비상탈출 시 신속히 비상구를 열 수 있다. 일반적으로 기내 점프시트를 사용하지 않을 때는 접어 놓아 복도, 일하는 공간, 비상 출구 공간을 확보한다.

③ 도착 및 환승 서비스

1) 도착 전 업무

항공기 도착 전 준비 업무는 다음과 같다. 도착하는 승객과 수하물을 처리하는데 필요한 모든 직원이 대기 중인지 확인한다. 빠른 연결(환승 대기 시간이 짧은 승객)에 대한 준비를 하고, 연착에 대비하며 탑재되지 않은 수하물을 확인한다.

도착 예정 항공편과 관련된 사전 도착 업무에 관한 정보는 출발 공항의 DCS에서 발송한 3개의 메시지에서 찾을 수 있다. 담당 직원은 이러한 메시지를 반드시 읽고, 도착 예정 항공편을 맞을 준비를 해야 한다. 메시지는 다음과 같다.

- PSM(Passenger Service Message) : 특별 관리나 도움이 필요한 승객에 대한 메시지
- PTM(Passenger Transfer Manifest) : 12시간 안에 다른 항공기에 탑승해야 하는 경유 승객에 대한 메시지
- TPM(Teletype Passenger Manifest) : 승객 목록을 준비하기 위한 정보

도움이 필요한 승객(보호자를 동반하지 않은 미성년자, 신체적으로 장애가 있는 승객)은 도착 서비스와 개별 승객 서비스를 제공하기 위해 담당 직원이 공항에서 대기한다. 지상 직원은 신속한 수하물 전달과 발생할 수 있는 수하물 클레임에 대한 준비를 한다.

항공편의 연결 시간이 짧은 경유 승객을 위해 가능한 신속하고 쉽게 연결이 이루어지도록 준비가 필요하다. 빠른 연결을 돕기 위해 들어오는 항공기를 연결 항공편의 게이트에 가깝게 위치시키는 것이 한 방법이다. 신속한 경유가 필요한 승객에 대한 정보는 PTM에서 확인할 수 있다. 도착 예정 시간이 지연되어 다른 항공편이 필요한 경우에는 다른 항공사와 협조하여 탑승 조정이 반드시 이루어져야 한다. 이 조정의 목적은 경유 승객이 신속히 연결 항공편을 이용하거나 재예약을 하기 위함이다.

2) 도착 서비스

항공기가 공항에 도착하면 승객에게 다음과 같은 여러 서비스를 제공한다. 항공기에서 하차하는 승객을 에스코트하고, 안내 방송이나 사인을 사용해 승객을 호출한다. 또한, 지원이 필요한 승객에게 도움을 제공하며, 세관과 입국 절차를 지원한다. 외국에서 오는 승객이 공항을 나갈 때는 정부의 허가 절차를 반드시 거쳐야 하며, 승객이 요청하면 다음 절차에 대한 도움을 제공한다.

- 입국 심사
- 모든 수하물의 세관 검사
- 보건 심사 (요구 시)

항공기에서 터미널의 수하물 수취소로 수하물을 신속히 전달해 모든 승객이 가능한 빨리 수하물을 찾을 수 있도록 한다. VVIP, VIP, CIP의 위탁 수하물과 우선순위 수하물, 승무원 수하물은 다른 수하물보다 먼저 수취소로 전달한다. 다음으로 일등석, 비즈니스석, 상용고객(우대 고객)의 수하물을 보낸다.

UM이나 장애인, 휠체어 승객과 같은 특별 관리 수하물은 일반석 수하물을 전달하기 전에 우선순위 수하물과 함께 전달한다. 승무원의 수하물은 승객의 수하물과 분리해 승객들이 볼 수 없는 지역에서 전달한다. 분실 및 파손된 수하물에 대한 불만 사항은 수하물 클레임 지역의 직원이 즉각 처리한다.

3) 수하물 처리 오류

수하물 처리 오류는 손상, 지연, 분실, 도난된 수하물을 의미한다. 여정이 복잡할수록 수하물 처리 오류 가능성이 커지며, 연결 항공편 이용 시 수하물 분실이 더 빈번하게 발생할 수 있다. 수하물이 분실되는 이유는 다음과 같다. 승객이 공항에 늦게 도착해 수하물을 항공기에 실을 시간이 부족하거나, 수하물 태그가 손상되어 수하물의 목적지를 알 수 없게 되는 경우가 있다. 또한, 태그를 잘못 읽거나 수하물을 잘못된 장소에 두는 등의 직원 실수도 자주 발생한다. 수하물을 실을 공간 부족이나 수하물 무게 문제가 발생할 수도 있다. 보안 문제로 인한 지연도 수하물이 소유자보다 나중에 도착하는 원인이 된다.

수하물이 분실되는 주요 이유는 다음과 같이 운송 중의 수하물 처리 오류 때문이다.

- 항공기 경유 지점에서 수하물이 다음 항공편에 실리지 못하는 경우 (52%)
- 탑재 실패 (16%)
- 티켓팅 오류, 수하물 뒤바뀜, 보안, 기타 (13%)
- 탑재 및 하역 시 오류 (7%)
- 공항, 세관, 날씨, 공간-무게 제한 (6%)
- 도착 공항의 잘못된 관리 (3%)
- 수하물 태그 부착 오류 (3%)

승객은 공항 도착 후 수하물 클레임 부서에 수하물 처리 오류를 알리고, 직원이 PIR Passenger Irregularity Report을 작성해 사본을 제공한다.

이후 컴퓨터로 수하물 검색을 시작하며, 대부분의 항공사는 IATA와 SITA가 함께 제공하는 월드트레이서 World Tracer 시스템을 이용한다. 분실된 수하물 정보가 시스템에 저장되고, 일치하는 수하물이 발견되면 소유자에게 반환된다. 대부분의 잘못 처리된 수하물은 48시간 내에 승객에게 돌아간다. 승객은 웹사이트에 직접 번호를 입력해 추적 과정을 확인할 수 있다.

PIR 작성 사례

수하물의 위치가 파악되면 승객에게 알리고, 승객은 분실물 보관소에 직접 와서 찾거나 집이나 호텔로 배달받을지를 결정할 수 있다. 항공사는 다음과 같은 경우에 잘못 처리된 수하물을 배달할 책임이 있다.

- 수하물이 출발지에서 탑재되지 않아 출발지에 있는 경우
- 환승 승객의 수하물이 연결 항공편에 탑재되지 않은 경우
- 경로 오류로 수하물이 다른 곳에 도착한 경우
- 과부하 탑재를 방지하기 위해 일부 수하물을 다음 항공편으로 보내는 경우
- 다른 공항에서 특정 메시지와 함께 수하물이 요청된 경우

분실물 보관 사무실에서 수하물을 준비한 후 세관검사와 보안검사 구역으로 보낸다. 직원이 급송 수하물표를 부착해 항공기에 탑재한다. 대부분의 분실 수하물은 올바른 도착지로 신속히 보내진다. 도착 공항이 승객의 거주지가 아닐 때에는 항공사가 세면도구, 화장품류, 의류 등의 필수품을 배상한다. 지연된 수하물이 도착하면 직원이 승객의 호텔이나 집으로 택배 서비스로 전달한다. 배달 비용은 항공사가 부담한다.

수하물은 여행 중 손상될 수 있으나, 망가진 바퀴와 손잡이 등 대부분의 손상은 항공사의 운송 계약에 따라 보호되지 않는다. 일부 항공사는 고객 서비스 차원에서 손상된 부분을 수리해주거나 할인 쿠폰을 제공하기도 하지만, 일반적으로 수하물이 심각하게 손상되더라도 내용물에 이상이 없으면 보상하지 않는다.

수하물 처리 오류를 방지하기 위해 다음 단계를 따른다.

- 각 수하물에 승객의 이름과 주소를 제대로 표시한다.
- 이전에 부착된 모든 수하물 태그와 스티커를 제거한다.
- 모든 수하물이 안전하게 닫혀 있는지 확인한다.
- 승객에게 수하물에 태그해야 하는 목적지를 질문한다.
- 수하물 태그에 목적지를 제대로 표시한 후 수하물에 잘 부착하고, 승객의 목적지를 재확인한다.
- LRT(Limited Release Tags)와 게이트 수하물 태그에 정확한 목적지가 작성되어 있는지 확인하고 승객의 서명을 받는다.
- 전달상 오류나 사기 청구를 방지하기 위해 수하물이 도착 홀에서 치워지기 전에 위탁 수하물 태그를 검사해 승객의 식별 태그와 일치하는지 확인한다.

4) 환승 관리

환승 승객이란 환승 공항에 도착 후 24시간 이내에 이륙하는 항공편을 이용하는 승객으로, 최초 탑승 공항에서 미리 연결 항공편으로 수하물 위탁 절차를 마친 승객이다. 연결 항공편은 환승 공항에서 출발해 승객의 유효 항공권 목적지까지 운항한다.

인천공항 환승 데스크

(1) 연결 항공편

환승 관리에서 연결 항공편은 다음과 같다.

- 승객을 운송하는 항공기와 연결 항공기는 모두 IATA 회원 항공사일 수 있다.
- 여객기가 도착했던 공항이 아닌 다른 공항에서 출발하는 항공기도 있을 수 있다. 이는 런던, 뉴욕, 파리와 같은 2개 이상의 공항에서 비행 연결 서비스를 제공하는 환승 지점에만 가능하다.
- 스톱오버는 출발점과 도착지 간 승객의 여정에 항공사와 사전에 약속된 체류 지점이 있음을 의미하며, 이는 연결이나 환승으로 간주하지 않는다.

(2) 승객 핸들링

환승 관리에서 승객 핸들링은 다음과 같다. 또한, 환승 승객이 정부 절차를 준수해야 하는 경우에는 도착 시 정식 보고를 한다.

- 탑승 공항에서 연결 항공편 당 환승 승객 수와 수하물 수에 대한 PTM(또는 TPM/PSM)을 전달받는다.
- 승객과 수하물을 연결 항공편으로 신속히 수송하기 위한 모든 필요사항을 준비한다.
- 타 항공사에 이미 전체 여정 체크인을 마친 승객의 수와 전달해야 하는 수하물의 개수, 전달 항공편의 예정 도착 시각을 신속히 알린다.

(3) 지연 상황에서 경유 처리

다음 규정은 지연 상황에서 경유 처리에 적용된다.

- 항공기가 지연될 때에는 모든 가능한 선택사항(예: 직접적인 램프 이동)을 시도해보기 전까지 연결할 수 없다는 결정을 내리지 않는다.
- 승객과 수하물은 계속해서 같은 항공기에 머물러 있어야 한다.

④ 비정상 운항

1) 규제 기준

항공기 이상 상황에 대한 규제 근거는 다음과 같다. 바르샤바 협정, 헤이그 조약, 일반 및 특별 운송약관, 적용 법률, 유럽연합 규정 261/2004, 미국 DOT 파트 250이다.

- 바르샤바 협정 : 1929년에 체결된 이 협정은 항공사의 책임에 대해 규정한 최초의 문서이며, 1955년 헤이그 조약에서 수정되었다.
- 항공사 운송약관 : IATA PSCRM을 기반으로 항공기 이상 상황 시의 운영 규정을 포함한다. 국가마다 다르게 적용되는 지역 법률에 근거해 보상 절차가 다르다.

- 유럽연합 규정 261/2004 : 2005년 2월 17일부터 시행된 이 규정은 지연, 취소, 초과판매, 다운그레이드 등의 이상 상황 시 승객의 권리를 명시하며, 항공사는 원인에 따라 지원, 환불, 보상 비용을 부담해야 한다.
- 미국 DOT Part 250 : 초과판매와 탑승 거부에 대한 보상을 다루며, 미국에서 출국하는 모든 승객에게 적용된다.
- 정보 전달 : 유럽연합 규정과 미국 DOT는 비행 이상이 발생하면 항공사가 승객에게 정보를 직접 전달하고, 권한에 대해 개별적으로 알리도록 요구한다.

2) 비행 이상 상황

(1) 유럽연합 규정 EC 261/2004 개요

유럽연합 규정 EC 261/2004는 탑승 거부, 항공편 취소 및 지연의 경우 승객을 지원하기 위한 규칙을 제공한다. 항공사는 비행 이상이 발생할 때 목적지에 따라 다르게 적용할 수 있는 절차가 있으며, 이는 각 항공사의 내부 절차와 비교해야 한다.

(2) 비행 이상 상황의 유형

비행 이상 상황의 유형은 다음과 같다.

- 연착 (지연) : 항공편의 이륙 또는 도착이 일정보다 늦어지는 경우이다.
- 연결 항공편 놓침 : 도착이 늦어 연결 항공편을 놓치는 상황이다.
- 비행 중단 : 항공편이 예정된 경유지나 목적지에 착륙 후 비행을 하지 않는 경우이다.
- 목적지 변경 : 항공기가 예정된 공항이 아닌 다른 공항에 착륙하는 경우이다.
- 램프로 회항 : 출발 후 이륙 전에 게이트로 돌아오는 경우이다.
- 취소 : 예정된 항공편이 전혀 운항하지 않는 경우이다.
- 예약 오류 확인·일정 변경 : 예약한 일정과 실제 일정이 다를 때 발생한다.
- 체크인 마감 시간에 대한 정보 오류 : 잘못된 체크인 마감 시간 정보를 받아 탑승하지 못한 경우이다.
- 주요 공적 사건으로 인한 항공편 불규칙 : 파업, 국가 위기상황, 전쟁 등으로 인한 비행 문제이다.

- 비자발적인 경로 변경 : 계획과 다른 서비스로 최종 목적지로 운송하는 경우이다.
- 비자발적 업그레이드 : 추가 비용 없이 상위 클래스로 업그레이드되는 경우이다.
- 비자발적인 다운그레이드 : 원래 탑승할 클래스가 만석일 때 낮은 클래스로 이동하는 경우이다.

(3) 운영 이상

운영 이상은 다음과 같은 사건으로 인해 정상 운영에 영향을 주는 경우이다.

- 항공편 지연 또는 취소
- 비행 경로 변경 또는 목적지 변경
- 공항 결항
- 연결 중단
- 대체 항공기 사용
- 선택 클래스의 좌석 부족
- 초과 예약으로 인해 서비스되는 클래스 좌석 부족

운영 이상 상황 발생 시 승객에게 정보를 제공하고, 권리에 대한 일반 정보를 공항, 체크인 카운터, VIP 라운지, 게이트 등에 게시한다.

(4) 탑승이 거부된 승객

탑승이 거부된 승객(DNB^{Denied Boarding})은 유효한 항공권을 소지하고 제시간에 체크인했음에도 탑승을 거부당한 사람이다. 이는 항공편 초과 예약이나 설비 변화로 인해 발생할 수 있으며, 보상금(DBC^{Denied Boarding Compensation})은 항공사의 초과 예약으로 인해 탑승이 거부된 승객을 위한 보상금이다.

(5) 승객의 권리

운영 이상 발생 시 승객의 권리는 다음과 같다.

이상 상황	경제적 보상	환불	숙박	추가지원
탑승 수속 거부	가능	가능	가능	가능
취소(상업적 이유)	가능	가능	가능	가능
취소(불가항력적 이유)	불가능	가능	가능	가능
연착	가능 (3시간 이상 지연 시)	불가능 (5시간 이상 지연 시 가능)	가능	가능

3) 비정상 운항 관리

비정상 운항(IROPirregular operations) 상황 발생 시 항공사는 승객 운송에 중점을 두고 다른 항공편이나 지상운송으로 대체한다. 항공사는 비정상 운항 정보를 신속히 승객에게 전달하고 권리를 알리며 안내자료를 배포해야 한다. 지연, 취소 및 여정 변경 시 지상직원은 재예약과 통지 절차를 적용한다. EU 항공사는 특별 규정을 따른다.

커뮤니케이션

- 고객에게 중단된 서비스를 즉시 알리고, 매 15분마다 업데이트한다.
- 항공사 간 SITA 메시지와 항공정보를 전송해 고객의 재예약 필요성을 통지한다.

편의시설

- 통제 가능한 지연 : 숙박시설, 간식, 식사, 운송 등을 제공한다.
- 통제 불가능한 지연 : 항공사 절차를 따른다.

재예약

- 모든 이상 상황 시 재예약 적용
- 같은 날 이용 가능한 항공편이 없을 경우 대체 운송수단 제공
- 지상직원은 사전 체크인이나 좌석을 블록해 다음 가능한 항공편 제공
- 연결 운송, 동일 여정 재예약, 자사 및 타사 항공편 재예약
- 여권 및 비자 제약 확인 후 재예약

- 동일한 클래스 또는 상위 클래스 예약, 대기 우선순위 제공
- 대체 운송수단 제공

4) FIM

FIM(Flight Interruption Manifest)은 항공기가 항로를 변경할 때 사용하는 운송서류이다. 이는 IATA 결의안 735e에 따라 출발 항공사가 발행한다. FIM은 항공편 운항을 중단한 항공사와 지연 승객을 수용하는 다른 항공사 간에 승객에 관한 모든 정보를 제공하도록 설계되었다.

항공편이 취소되거나 무기한 지연되거나 좌석이 초과 판매된 경우, 승객을 다른 항공사로 넘길 때 FIM이 사용된다. 전자항공권의 경우 구간 변경하여 재발행 rerouting한 항공권을 제공해야 하며, 항공권 재발행을 하지 않은 경우에는 전자항공권을 프린트하고 FIM에 페이퍼 항공권을 부착하여 항공사간 정산을 위해 수입심사부로 보내고 프린트한 항공권의 마지막 장인 영수증에 ENDSendorse 스탬프를 찍어 대체 항공사를 기재하고 승객에게 변경된 항공사 및 비행편을 안내한다..

동일 항공사의 구간 변경 ICN-TYO 노선을 ICN-OSA-TYO로 변경할 경우 재발행을 하지 않을때에는 ICN-TYO E-Ticket image를 EXFMExchanged Flight Manifest 으로 변경하고 FIM을 발행한다.

FIM은 변경된 목적지와 예정 도착지에 대한 정보를 포함한다. FIM의 운임 종류, 여행 클래스, 구간 등 FIM에 포함된 정보에 따라 인수 항공사(승객을 넘겨받은 항공사)는 운송 항공사(항공편 운항을 중단한 항공사)에게 금액을 청구할 수 있다.

FIM 발급 이유는 지연보고서에 부합하게 항상 BOX13에 나타나야 한다. 운항 항공사가 두 곳인 경우, FIM의 원본은 첫 번째 운송 항공사에게 발급하고, 시그널 FIM은 두 번째 운송 항공사에게 보낸다.

Flight Interruption Manifest(FIM)

자료: https://www.reise-wahnsinn.de/annulierung-von-lh3435-man-dus-am-15-2-2011/

FIM의 주요 항목은 다음과 같다.

- 날짜(Date) : DD/MM/YYYY 형식 사용
- 경로를 변경한 시점(Rerouted From) : 전달 항공사 정보, 중단된 항공사 항공편 번호, 중단된 비행 날짜, 항공편이 원래 예정대로 운행을 시작할 수 없게 된 도시
- 변경된 경로(Rerouted To) : 최초 항공사로부터 FIM을 전달받는 항공사 정보, 전달받는 항공사의 항공편 번호, 항공편 날짜, 승객의 출발 장소와 여행할 장소
- 승객의 이름 : FIM을 통해 운송되는 승객 이름 명단
- 서류 번호(Document Number) : 승객의 항공권 항공사 코드, 시리얼 번호, 쿠폰 번호
- 기준 운임(Fare Basis) : 최초 항공권에 기재된 기준 운임
- 승객 유형(Passenger Type) : 아동(CH), 유아(IN), 성인(표시 안 함)
- 초과 수하물(Excess Baggage) : 초과 수하물 요금을 지불한 경우, 승객 이름, EB Ticket 번호, 초과 중량 및 개수 표시
- 중단 이유 : FIM 발급 이유
- 참고 사항 : ID, AD, 할인 항공권에 관한 정보
- 동의된 금액 : 승객당 지급비용
- 서명과 인증 : 최초 항공사와 전달받는 운송인의 서명과 인증, 항공사 도장 사용
- FIM의 분배 : 지침에 따라 분배

01 지상직원의 탑승수속 전 업무에 포함되지 않는 것은 무엇인가?

A. 코드셰어 항공편의 예약 상태 점검

B. 비행 정보와 게이트, 지연 상황 확인

C. 기내식 메뉴 준비

D. 탑승권과 수하물 태그 프린터 준비

02 유아의 기내 운송과 관련된 규정이 아닌 것은 무엇인가?

A. 유아승객을 위하여 유아용 요람을 사용하는 경우가 많다

B. 유아는 탑승일 기준 생후 24개월 미만의 승객이다

C. 유아용 요람은 기내에서 언제든지 신청이 가능하다.

D. 기내 좌석 열 당 최대 유아 수는 산소마스크 수에 의해 제한된다

03 보호자 비동반 미성년자(UMNR)로 예약할 수 없는 경우는 무엇인가?

A. 만 5세 이상 만 12세 미만의 아이

B. 만 12세 이상 만 17세 이하의 요청 시 혼자 여행하는 청소년

C. 장애가 있거나 아픈 아이

D. 부모와 다른 객실 칸에 예약된 아이

04 시각장애 승객을 나타내는 항공사 메시지 코드는 무엇인가?

A. BLND

B. DEAF

C. DPNA

D. WCHR

05 다음 중 들것 환자(STCR)의 처리 절차에 해당하지 않는 것은 무엇인가?

A. 들것 환자의 예약과 운송은 항공사의 예약관리팀이 관리한다.

B. 들것 키트에는 침구, 베개, 커튼이 포함된다.

C. 들것 환자는 다른 승객보다 먼저 내린다.

D. 들것 환자는 일등석이나 비즈니스석으로 운반될 수 없다.

06 들것을 사용하는 승객(STCR)의 추가 좌석 요금 계산 기준으로 올바른 것은 무엇인가?

A. 일반 편도 성인 이코노미 요금의 3배

B. 일반 편도 성인 이코노미 요금의 4배

C. 일반 편도 성인 이코노미 요금의 5배

D. 일반 편도 성인 이코노미 요금의 6배

07 강제 추방자를 관리할 때 사용되는 코드 중 호송원을 동반해야 하는 강제 추방자를 나타내는 코드는 무엇인가?

A. DEPU   B. DEPA

C. INAD   D. DEPI

08 무료 항공권이나 할인 항공권을 소지한 항공사 직원이 만석인 항공기에 대기자로 분류될 때 사용되는 ID 코드는 무엇인가?

A. AD   B. IP

C. ID90   D. DG

09 도착 예정 항공편과 관련된 사전 도착 업무에 관한 정보는 어디서 찾을 수 있는가?

A. 출발 공항의 보안 시스템

B. 출발 공항의 DCS에서 발송된 3개의 메시지

C. 항공사 웹사이트

D. 도착 공항의 탑승 게이트

10 항공기가 도착한 후 승객이 입국을 위해 거쳐야 하는 절차가 아닌 것은 무엇인가?

A. 입국 심사   B. 보안 검색

C. 모든 수하물의 세관 검사   D. 보건 심사 (요구 시)

11　수하물 처리 오류를 방지하기 위한 방법이 아닌 것은 무엇인가?

A. 각 수하물에 승객의 이름과 주소를 제대로 표시한다.

B. 이전에 부착된 모든 수하물 태그와 스티커를 제거한다.

C. 승객의 수하물에 특별한 색깔을 칠한다.

D. 수하물 태그에 목적지를 제대로 표시한 후 수하물에 잘 부착한다.

12　분실된 수하물을 추적하는 시스템은 무엇인가?

A. IATA System

B. SITA System

C. World Tracer

D. Global Baggage System

13　환승 승객에 대한 설명 중 올바르지 않은 것은 무엇인가?

A. 환승 승객은 최초 탑승 공항에서 미리 연결 항공편으로 수하물 위탁 절차를 마친다.

B. 환승 승객은 환승 공항에 도착 후 24시간 이내에 이륙하는 항공편을 이용한다.

C. 환승 승객의 여정에 항공사와 사전에 약속된 체류 지점은 환승으로 간주한다.

D. 연결 항공편은 환승 공항에서 출발해 승객의 유효 항공권 목적지까지 운항한다.

14　다음 중 비행 이상 상황에 포함되지 않는 것은 무엇인가?

A. 항공편이 예정된 경유지나 목적지에 착륙 후 비행을 하지 않는 경우.

B. 출발 후 이륙 전에 게이트로 돌아오는 경우.

C. 승객이 개인 사유로 인해 비행기를 놓친 경우.

D. 항공기가 예정된 공항이 아닌 다른 공항에 착륙하는 경우.

15　다음 중 탑승이 거부된 승객(DNB)에 대한 설명으로 옳지 않은 것은 무엇인가?

A. 유효한 항공권을 소지하고 제시간에 체크인했음에도 탑승이 거부당한 사람이다.

B. 항공편 초과 예약이나 설비 변화로 인해 발생할 수 있다.

C. 탑승 거부로 인해 발생하는 보상금을 DBC라고 한다.

D. 탑승이 거부된 승객은 항상 경제적 보상을 받을 수 없다.

16 FIM이 발급되는 이유로 옳지 않은 것은 무엇인가?

A. 항공편이 취소된 경우

B. 항공편이 무기한 지연된 경우

C. 항공편이 정상적으로 운항 중인 경우

D. 좌석이 초과 판매된 경우

정답과 해설

번호	정답	해설
01	C	지상직원의 탑승수속 전 업무는 체크인 시스템 점검, 예약 상태 확인, 비행 정보 확인 등이며, 기내식 메뉴 준비는 포함되지 않는다.
02	C	유아용 요람은 사전 예약이 권장되지만, 사전 예약이 없더라도 제공하려고 노력한다.
03	C	장애가 있거나 아픈 아이는 보호자 비동반 미성년자로 예약할 수 없다.
04	A	BLND는 시각장애 승객(Blind Passenger)을 나타내는 코드이다.
05	C	들것 환자는 다른 승객이 모두 내린 후에 내린다.
06	D	들것을 사용하는 승객은 필요한 추가 좌석에 따라 일반 편도 성인 이코노미 요금의 6배를 지불한다.
07	B	DEPA는 호송원을 동반해야 하는 강제 추방자를 나타내는 코드이다.
08	C	ID(Industry Discount)는 무료·할인 항공권을 소지한 항공사나 인터라인 제휴사 직원을 위한 코드로 ID90 또는 ID75로 표기하고 있다.
09	B	도착 예정 항공편과 관련된 사전 도착 업무에 관한 정보는 출발 공항의 DCS에서 발송된 3개의 메시지에서 찾을 수 있다.
10	B	보안 검색은 출국 절차에 포함되며, 도착 후 승객이 세관과 입국 절차를 지원받기 위해 거쳐야 하는 절차에는 포함되지 않는다.
11	C	수하물 처리 오류를 방지하기 위한 방법으로는 각 수하물에 승객의 이름과 주소를 제대로 표시하고, 이전에 부착된 모든 수하물 태그와 스티커를 제거하며, 수하물 태그에 목적지를 제대로 표시한 후 수하물에 잘 부착하는 것이 포함되지만, 승객의 수하물에 특별한 색깔을 칠하는 것은 포함되지 않는다.
12	C	분실된 수하물을 추적하는 시스템은 월드트레이서(World Tracer) 시스템이다.
13	C	사전에 약속된 체류 지점(스톱오버)은 연결이나 환승으로 간주되지 않는다.
14	C	승객이 개인 사유로 인해 비행기를 놓친 경우는 비행 이상 상황에 포함되지 않는다.
15	D	탑승이 거부된 승객은 일반적으로 항공사의 초과 예약으로 인해 탑승이 거부된 경우 경제적 보상을 받을 수 있다.
16	C	FIM은 항공편이 정상적으로 운항 중인 경우에는 발급되지 않는다.

제 5 장

운송계약 조건

① 운송조건

IATA의 PSC Passenger Services Conference는 승객 및 수하물 관리, 예약과 티켓팅에 대한 표준과 절차를 정하는 포럼이다. PCS에서 합의된 내용은 PSCRM Passenger Services Conference Resolutions Manual에 해결지침과 권유지침 형태로 수록된다. PSCRM은 승객과 수하물 운송 전반에 걸쳐 권유지침이 수록된 지상직원의 필수적인 참고 문서이다. 이 매뉴얼은 예약절차, 승객과 수하물 체크인과 항공권발급, 수하물 태그와 티켓팅, 인터라인 협의 사항과 기타 여객수송 관련 규제를 포함한다.

운송조건은 항공사의 운송약관에 기재된 법적 효력이 있는 규정과 규제로, 모든 승객과 탑재관계자에게 적용한다. 이 조건은 화물 공간, 승객 좌석예약, 클레임 절차, 손상, 분실, 상해, 사망 시의 금전적 보상을 포함한다.

② 승객 및 수하물에 대한 다양한 운송계약 조건

IATA의 PSCRM Resolution 724는 승객 티켓과 계약 조건을 규정하고, 유럽에는 탑승 거부, 취소, 지연에 관한 추가 규제가 있다. 권유지침 Recommended Practice 1724는 국제노선 항공기를 운영하는 회원 항공사가 승객에게 계약조건을 공지하도록 규정한다. 이 조건에는 항공사 책임, 초과 예약, 세금 및 사용자 수수료에 대한 정보와 항공권 규정, 운임규정, 일반적인 운송 조건을 포함한다. 권유 지침 1724는 회원 항공사가 반드시 적용해야 하는 18개 조항에 대한 개요이다.

1) 조항 1 - 용어 정의

이 조항은 계약조건에서 사용하는 특정 표현을 정의하며, 다른 조항의 용어 사전으로도 사용한다.

- "우리, 우리의, 우리 자신, 우리를"은 항공사를 의미한다.
- "당신, 당신의, 당신 자신의"는 항공권을 구매한 사람을 의미한다.
- "동의한 스톱장소"는 출발지와 도착지를 제외한 스톱장소이다.
- "항공사 인식 코드"는 항공사를 식별하는 코드이다.
- "승인된 에이전트"는 항공사가 지정한 판매 대리인이다.
- "수하물"은 개인 소유물로, 위탁 수하물과 기내반입수하물을 포함한다.
- "수하물표"는 위탁 수하물 운송 티켓이다.
- "수하물 인식 태그"는 위탁 수하물 식별 서류이다.
- "캐리어"는 항공사를 의미한다.
- "캐리어의 규정"은 운송 규정과 운임 규정이다.
- "체크인 마감"은 체크인 절차 완료 시각이다.
- "위탁 수하물"은 항공사가 보관하는 수하물이다.
- "연결 항공권"은 다른 항공권과 연결된 항공권이다.
- "계약조건"은 운송조건과 공지사항을 포함한다.
- "바르샤바 컨벤션"은 국제 항공 운송 규정을 의미한다.
- "몬트리올 컨벤션"은 1999년 체결된 국제항공 운송 규정이다.
- "컨벤션"은 바르샤바와 몬트리올 컨벤션을 의미한다.
- "쿠폰"은 특정 항공편 이용 자격을 부여하는 서류이다.
- "손해"는 운송 중 발생하는 사망, 부상, 수하물 훼손, 분실 등을 의미한다.
- "일"은 주 7일을 포함하는 날짜이다.
- "탑승거부"는 유효 항공권을 소지했으나 탑승이 거부되는 것이다.
- "전자쿠폰"은 전자항공 쿠폰이다.
- "전자항공권"은 전자 쿠폰 및 탑승 서류이다.
- "비행쿠폰"은 특정 장소로 운송을 정한 서류이다.
- "불가항력"은 피할 수 없는 예측 불가능한 상황을 의미한다.
- "여정 영수증"은 전자항공권 서류이다.

- "정상운임"은 승인된 가장 높은 운임이다.
- "승객"은 승무원을 제외한 항공기 이용자이다.
- "승객쿠폰"과 "승객영수증"은 항공권이다.
- "SDR"은 특별 인출권이다.
- "특별운임"은 정상운임보다 낮은 운임이다.
- "스톱오버"는 출발지와 목적지 사이의 체류지이다.
- "태리프"는 운임과 운송조건을 포함한 운임이다.
- "항공권"은 승객 티켓과 수하물 체크 서류이다.
- "위탁하지 않은 수하물"은 기내반입 수하물이다.

2) 조항 2 - 적용

① 일반사항

운송조건은 모든 승객과 수하물 항공운송 보상에 적용한다. 정상항공권과 할인항공권 모두 적용된다.

② 전세기 운영

전세 항공기는 항공기 전체를 임대하는 것으로, 임시 항공운송에 중점을 둔다. 전세기 운영 시 운송조건의 적용은 제한적이며, 전세협정으로 규정된다.

③ 코드셰어

코드셰어 협정은 두 항공사가 항공기를 공유하는 계약이다. 실제로 항공편을 운영하는 항공사는 운영 항공사, 판매하는 항공사는 마케팅 항공사로 불린다. 이 경우, 운영 항공사의 계약조건을 적용하며, 승객에게 운영 회사의 이름을 알려준다.

④ 상위법(Overriding Laws)

운송조건은 항공사의 요금표, 적용가능한 법률, 정부 규정과 일치하지 않을 때는 적용할 수 없다. 하지만, 이를 제외한 다른 운송 조항은 계속 유효하다.

⑤ 규정보다 우선하는 조건

항공사 규정과 계약조건 사이에 문제가 발생하면 계약조건이 우선한다. 일부 규정이 무효화되더라도 다른 규정은 유효하다.

3) 조항 3 – 항공권

이 조항은 종이 항공권과 전자항공권 관련 규정을 설명한다. 항공권에는 승객 이름, 발급 항공사, 항공권 번호, 유효 도시와 항공편, 수하물 허용 한도, 세금, 운임기준 코드, 변경 및 환불 제한 사항, 사용 날짜, 운임 지급방법이 포함된다.

① 일반 조항

항공권은 항공사와 승객 간 운송계약의 증거이다. 체크인 시 신분증을 제시해 항공권을 확인해야 한다. 항공권은 양도 불가능하며, 할인 항공권은 부분적 또는 전체 환불이 불가능할 수 있다. 특별요금 항공권은 특정 날짜와 항공편에만 유효하며, 변경 시 추가 요금이 발생할 수 있다.

② 항공권의 유효성

항공권의 운임 약관이 항공운송 조건이 된다. 모든 비행쿠폰은 예약 날짜 좌석과 항공편에 대한 권리를 부여한다. 발급 항공권에 비행날짜가 없는 경우, 좌석이 있을 때만 제공할 수 있다. 항공사가 좌석을 제공할 수 없거나 항공편 지연이 발생하면, 항공권 유효날짜를 연장한다.

③ 전자쿠폰 순서

항공권은 순서대로 기재되며, 쿠폰을 출발지부터 사용한다. IATA 웹사이트www.iatatravelcentre.com는 전자항공권에 대한 법률적 고지사항을 제공한다.

④ 기간과 조건

운송 제공 시 항공사의 규정과 규제에 따라 이 문서를 항공권과 교환해야 한다. 수하물 관련 문서는 수하물 확인서가 아니므로, 항공권과 수하물표를 받아야 한다. 문서는 양도 불가능하며, 분실 시 책임지지 않는다. 문서와 운송 수단, 서비스는 적용 요금, 운송 조건, 항공사 규칙, 국가 법률에 따른다. 발급자는 에이전트 역할만 하며, 운송 실패나 분실에 대한 책임을 지지 않는다. 항공사나 사람은 발급 항공사로부터 승인을 받아야 한다. 문서를 구입한 사람은 조건에 동의한 것으로 간주한다.

4) 조항 4 - 스톱오버

스톱오버는 도착지로 가는 도중 허브 공항에서 24시간 이상 체류하는 경우를 의미한다. 스톱오버는 경유와 달리 공항 밖 도시에서 체류할 수 있으며, 보통 24시간에서 5일간 머무른다. 운송 조건에 따라 승객은 스톱오버 시 정부와 항공사의 요구 조건을 따라야 한다.

5) 조항 5 - 운임과 요금

① 운임 지급

항공사는 정해진 날짜에 항공권 운임을 공시할 의무가 있다. 운임이 공시되지 않은 경우 합산 운임을 사용한다. 여정이나 출발 날짜 변경 시 운임이 변동될 수 있다.

② 세금과 요금

기타 세금과 요금은 운임과 별도로 계산되며, 변동 시 차액을 징수하거나 환불한다.

③ 통화

운임은 외환규제법에 따라 모든 통화로 지불할 수 있으며, 다른 통화로 계산 시 항공사의 환율을 적용한다.

6) 조항 6 - 예약

① 요구사항

항공사나 에이전트는 승객의 예약을 기록하며, 필요시 서면 확인서를 제공한다. 일부 운임은 예약 변경이나 취소 권한을 제한할 수 있다.

② 티켓팅 시간제한

승객이 정해진 시간 내에 운임을 정산하지 않으면 항공사가 예약을 취소할 수 있다.

③ 개인 정보

승객은 예약, 부가 서비스, 출입국 심사 등을 위해 항공사에 개인 정보를 제공해야 한다. 항공사는 이 정보를 사용하고 다른 기관과 공유할 수 있다.

④ 좌석

항공사는 좌석을 배정하지만, 특정 좌석을 보장하지 않는다. 안전과 운영 이유로 좌석을 재배정할 권리가 있다.

⑤ 노-쇼 과징금

승객이 예약한 좌석을 사용하지 않으면 노-쇼 요금을 지불해야 한다.

⑥ 예약 재확인

일부 항공사는 돌아오는 항공편의 예약을 재확인하도록 요구하며, 이를 실행하지 않으면 예약이 취소될 수 있다.

⑦ 항공사가 다음 항공편 예약을 취소

승객이 첫 항공편을 알리지 않고 탑승하지 않으면 다음 항공편의 예약을 취소할 수 있다.

7) 조항 7 - 체크인과 탑승

승객은 항공편 출발 전에 모든 서류를 작성하고, 항공사가 지정한 시간보다 미리 체크인 장소와 탑승 게이트에 도착해야 한다. 지정된 시간 안에 도착하지 않거나 서류가 준비되지 않은 경우, 항공사는 예약을 취소할 수 있다. 항공사는 이로 인해 발생하는 손실이나 비용에 대해 책임지지 않는다.

8) 조항 8 - 탑승거부와 운송제한

① 항공사는 안전상의 이유나 항공사의 판단에 따라 승객의 행동, 법적 문제, 서류 미비 등을 이유로 운송을 거부할 수 있다.
② 거동이 불편한 승객, 보호자 없이 여행하는 아동, 임산부, 질병이 있는 사람의 운송은 사전 협정에 따른다.
③ 항공사는 승객의 상태에 따라 운송을 거부하거나 도중에 내리게 할 수 있으며, 이 경우 사용되지 않은 항공권을 취소하고 환불하지 않는다.
④ 승객이 체크인 후 탑승하지 않으면 항공사는 지연으로 발생한 비용을 회수할 권리가 있다.

9) 조항 9 - 수하물

승객은 수하물을 위탁용이나 기내용으로 운반할 수 있다. 수하물 허용한도는 항공사, 여정, 운임 클래스에 따라 다르므로 확인이 필요하다. 무료 수하물은 의류나 개인 소지품으로 제한된다.
① 위탁 수하물은 무게개념과 개수개념으로 정의된다. 이코노미 클래스는 20kg, 비즈니스 클래스는 30kg이다. 미국과 캐나다 항공편은 23kg 이하의 2개 가방을 허용한다.
② 기내반입수하물은 크기와 무게가 제한된다. 최대 크기는 22×18×10인치이다.
③ 수하물 최대 무게는 23kg이며, 초과 시 추가 비용을 지불해야 한다. 32kg

이상의 수하물은 허용되지 않는다.

④ 칼, 날카로운 물체, 일부 스포츠용품은 기내반입이 불가하며 위탁수하물로만 운송할 수 있다.

⑤ 소형무기와 탄약은 특정 조건 하에 위탁수하물로 허용되나, 스포츠 목적 이외의 운송은 금지된다.

⑥ 골동품 무기와 검·칼은 위탁수하물로 허용된다.

⑦ 승객은 위탁수하물에 귀중품을 넣어서는 안 된다.

⑧ 생동물은 규정된 도착지로만 운송할 수 있으며, 안내견은 무료로 기내에 허용된다.

⑨ 초과 수하물은 추가 요금을 지불하고 운송할 수 있다.

⑩ 항공사는 필요한 경우 수하물을 검색할 수 있다.

⑪ 승객은 수하물의 가치를 신고하고, 추가 요금을 지불할 수 있다.

⑫ 승객은 도착 시 수하물을 확인하고, 손상 시 즉시 항공사에 알려야 한다

10) 조항 10 - 항공편의 일정, 지연, 취소

① 일정

비행 일정은 항공사의 자원 최적화와 이익 극대화를 목표로 한다. 항공사는 정시 운항을 위해 노력하며, 승객과 수하물 운송에 큰 노력을 기울인다.

② 항공운송 이상 상황

항공편의 지연, 취소, 또는 공간 부족으로 승객이 도착지에 운송되지 못하거나 예약 연결 항공편을 놓칠 수 있다. 이 경우 항공사는 승객에게 항공권 요금을 환불하거나 다른 항공편 또는 지상 운송 수단으로 목적지까지 운송한다. 승객은 대기 시간 동안 간식, 숙박시설, 교통 등 보살핌을 받을 자격이 있다. 항공사 취소나 좌석 부족으로 운송이 불가능할 경우, 적절한 보상을 제공한다.

11) 조항 11 - 환불

항공사 승객 환불은 항공권 요금을 돌려주는 것이다. 환불은 항공사 부도, 항공편 취소, 파업 등의 상황에서 발생한다. 신용카드로 구매한 항공권은 소비자 신용법에 따라 환불이 가능하다.

① 일반 조항

환불은 항공권 발급자나 승인된 대행사만 할 수 있다. 서면 신청서를 제출할 수 있다. 항공사가 운송조건을 충족하지 못하거나 승객이 변경 요청 시, 사용하지 않은 항공권에 대해 환불한다. 항공권에 기재된 사람이나 구매 증거를 제출한 사람에게 환불한다.

② 의도하지 않은 환불

항공사로 인해 승객이 여정을 시작할 수 없을 때 운임을 환불한다.

③ 자발적인 환불

승객이 자발적으로 요청할 경우, 구매 시 적용된 조건에 따라 환불한다.

④ 클레임 제출 기한

분실, 미사용, 부분 사용 항공권에 대한 환불 요청은 유효 사용 날짜 30일 이내에 한다.

⑤ 환불거부 권리

항공사는 기한이 지나거나 의심스러운 서류에 대해 환불을 거부할 수 있다.

⑥ 통화

환불은 구매된 통화로 지급되며, 외환 규정에 따라 환불이 이루어지는 국가의 통화로도 가능하다.

12) 조항 12 - 항공기 탑승 시 품행

① 승객 금지 사항

- 비행 안전 및 타인의 생명과 존엄성을 위태롭게 하는 행위 금지
- 언어적·신체적 모욕 행위 금지
- 기내 제공 알코올 외의 알코올 섭취 금지
- 비행 중 흡연 금지
- 승무원 지시 없이 장비 사용 금지
- 금지된 전자기기와 통신시설 사용 금지
- 타인에게 불편함을 주거나 승무원 업무 방해 금지
- 항공사 소유물 손상 및 제거 금지

② 기내 난동

기내 난동은 비행 중 승객 또는 승무원을 방해하거나 폭력적인 행동을 하는 것이다. 방해 승객은 강제로 내리게 할 수 있고, 연결 운송을 거부할 수 있으며, 구속될 수 있다.

13) 조항 13 - 부가 서비스에 대한 협정

항공사가 호텔 예약이나 자동차 렌트 등의 부가 서비스를 준비할 때 대행사의 역할만 하며, 제3자 공급업자의 약관을 따른다. 자체 지상 운송 서비스를 제공할 경우 별도의 약관이 존재하며, 이는 요청 시 제공된다.

14) 조항 14 - 행정상의 절차

승객은 모든 여행 서류와 비자를 준비하고, 출발·도착·경유 국가의 법률과 규정을 준수해야 한다. 항공사는 서류 미비로 인한 결과에 책임지지 않는다. IATA의 TIM과 TIMATIC은 항공사와 여행업체가 사용하는 표준이다. IATA 여행센터는

정확한 여권, 비자, 검역 정보를 제공한다.

① 여권, 비자와 기타 서류

승객은 모든 서류를 준비하고, 출발·환승·도착 국가의 조건을 준수해야 한다. 항공사는 의무 불이행으로 인한 피해와 비용에 책임지지 않는다.

② 입국거부와 추방

당국이 항공사에 승객을 다른 곳으로 보낼 것을 요구하면 승객은 요금을 지불해야 한다. 운송 요금은 환불되지 않는다.

③ 비용에 대한 배상

승객은 행정과 여행 절차 불이행으로 발생하는 모든 비용을 변상해야 한다.

④ 세관검사

승객은 수하물 검사를 받아야 하며, 항공사는 이로 인한 손실에 책임지지 않는다.

15) 조항 15 - 연결 항공사

하나의 항공권으로 여러 항공사가 운송을 수행하거나 항공권을 연계하여 발급하는 경우에는 하나의 운송으로 간주한다. 국제 조약에 따라 여러 운송업자가 연결 운송을 수행하는 경우, 각 운송업자를 운송 계약상의 관계자로 본다.

16) 조항 16 - 손해에 대한 책임

항공사의 책임은 1999년 몬트리올 협약에 따른다. 항공사는 실제 손해에 대해 한도 내에서만 책임을 진다. 간접적 손해는 책임지지 않으며, 이 제한적 책임은 항공사의 직원과 대리인에게도 적용된다.

① 항공운송 중 손해 책임

사고로 인한 승객의 사망이나 부상에 대한 경제적 책임 한도는 없다. 항공사는 즉각적 금전적 요구에 따라 보상하기 위해 15일 이내에 선지급을 한다. 단, 선지급은 항공사의 책임 인정을 의미하지 않는다. 승객 수송 지연이나 수하물 지연 시, 항공사가 적절한 조치를 취했으면 책임을 지지 않는다. 수하물의 손상이나 분실에 대한 책임도 항공사에 있다.

② 항공사 책임 한계

항공사는 자신의 항공편에서 발생한 손해에만 책임을 진다. 다른 항공사를 대신해 항공권을 발급한 경우, 해당 항공사는 대행사로 간주된다. 수하물 내용물 손상에 대해 항공사는 책임지지 않으며, 기내반입수하물의 손상도 승객이 보호해야 한다. 운송 승객의 나이, 정신적·신체적 상태로 인한 질병이나 사망에 대해서도 책임지지 않는다.

17) 조항 17 - 클레임과 조치들에 대한 기한

승객의 건강, 기내반입수하물, 개인소유물에 손해가 발생하면 항공사에 즉시 서면으로 알려야 한다. 나중에 알릴 경우, 승객이 항공사의 잘못임을 증명해야 한다. 심각한 상해는 항공사가 직접 보고해야 한다. 위탁 수하물 파손은 도착 시 또는 수하물 배달 후 7일 이내에 서면으로 제출해야 한다. 지연된 수하물은 수하물 배달 후 21일 이내에 서면으로 제출해야 한다.

18) 조항 18 - 기타 조건

승객과 수하물 운송은 항공사의 특정 규정과 조건을 따른다. 어른을 동반하지 않은 미성년자, 임산부, 아픈 승객 운송, 전자기구 사용 제한, 기내 알코올 음료 소비 등과 관련된 규정은 항공사에 요청해 확인할 수 있다.

③ 항공 탑승시 승객의 의무

승객은 항공기 탑승 전에 신원을 증명하고 관련 서류를 제출해야 한다. 예를 들어, 국제선 항공편을 이용할 때는 여권과 비자를 제시해야 하며, 국내선 항공편의 경우 신분증을 제출해야 한다. 요청 시에는 안전 관련 질문에 답해야 하며, 건강 상태를 알려야 한다. 예를 들어, 최근에 심한 감염병에 걸렸거나 수술을 받은 승객은 이를 항공사에 알리고 필요한 조치를 취해야 한다.

모든 수하물은 보안 확인을 거친다. 승객은 위험물을 수하물에 넣지 않아야 한다. 예를 들어, 승객이 라이터, 부탄가스 캔, 폭죽 등의 위험물을 수하물에 넣는 것은 금지되어 있다. 이런 물품은 적발 시 폐기되거나 법적 제재를 받을 수 있다.

승객은 항공사 지침을 따르고, 안전을 위협하거나 다른 승객을 방해하지 않아야 한다. 예를 들어, 기내에서 소란을 피우거나 다른 승객을 불편하게 하는 행동은 금지된다. 체크인 시에는 신속하고 정확하게 절차를 따르고, 비행 중에는 안전벨트를 착용해야 한다. 흡연은 모든 항공기에서 금지되며, 전자기기 사용 역시 제한된다. 승객은 기내에서 전자기기를 사용할 때는 항공사의 지침을 따라야 한다. 건강 상태가 악화되었을 경우 즉시 승무원에게 알리고 응급조치를 받아야 한다.

손실 및 피해에 대한 비용 보상 규정을 준수해야 한다. 예를 들어, 기내에서 제공된 기내식에 문제가 있어 피해를 입었을 경우, 승객은 항공사의 보상 절차에 따라 보상을 받을 수 있다. 기장과 승무원의 지시를 따르며, 적절한 의상과 태도를 갖추는 것도 중요하다. 예를 들어, 기내에서 너무 짧거나 노출이 심한 옷을 입는 것은 피해야 하며, 모든 승객은 예의를 갖추어 행동해야 한다.

이러한 의무를 준수함으로써 승객은 안전하고 쾌적한 여행을 할 수 있으며, 항공사는 원활한 운영을 유지할 수 있다.

01 IATA의 PSCRM Resolution 724가 규정하는 것은?

    A. 항공사 직원의 교육   B. 항공사 재무 보고

    C. 승객 티켓과 계약 조건   D. 기내 서비스 품질

02 전세기 운영 시 운송조건의 적용은 어떻게 규정되는가?

    A. 전세 항공기는 항공기 전체를 임대하는 것으로, 일반 운송조건이 완전히 적용된다.

    B. 전세 항공기는 항공기 전체를 임대하는 것으로, 운송조건의 적용은 제한적이며 전세협정으로 규정된다.

    C. 전세 항공기는 일부 좌석만 임대할 수 있으며, 일반 운송조건이 적용된다.

    D. 전세 항공기는 항공기 전체를 임대하는 것으로, 항공사의 일반 운송조건이 우선 적용된다.

03 운임과 요금에 관한 설명 중 옳은 것은?

    A. 운임은 항상 고정되어 있으며, 여정이나 출발 날짜 변경 시 변동되지 않는다.

    B. 운임과 세금은 모두 동일한 통화로 지불해야 한다.

    C. 기타 세금과 요금은 운임과 별도로 계산되며, 변동 시 차액을 징수하거나 환불한다.

    D. 운임은 항공사와 상관없이 모든 통화로 지불할 수 있다.

04 승객이 항공편 출발 전에 체크인과 탑승 절차를 완료하지 않으면 항공사는 어떤 조치를 취할 수 있는가?

    A. 승객에게 추가 요금을 부과한다.

    B. 항공편 출발 시간을 연기한다.

    C. 예약을 취소할 수 있다.

    D. 승객에게 벌금을 부과한다.

05 환불이 거부될 수 있는 상황은 무엇인가?

A. 승객이 자발적으로 항공권 환불을 요청한 경우

B. 항공사가 운송조건을 충족하지 못한 경우

C. 환불 요청 기한이 지난 경우

D. 승객이 항공권을 분실한 경우

06 승객이 스톱오버를 할 때 지켜야 하는 조건은 무엇인가?

A. 항공사 규정과 관계없다

B. 정부와 항공사 요구 조건을 따른다

C. 24시간 이내에 공항을 떠나야 한다

D. 환승지에서만 적용된다

07 승객이 항공기 탑승 시 금지된 행동은 무엇인가?

A. 기내에서 음료를 마시는 것

B. 기내에서 소란을 피우는 것

C. 기내에서 전자기기를 사용하는 것

D. 기내에서 휴식을 취하는 것

정답과 해설

번호	정답	해설
01	C	IATA의 PSCRM Resolution 724는 승객 티켓과 계약 조건을 규정하며, 항공사 책임, 초과예약, 세금 및 사용자 수수료에 대한 정보를 포함한다.
02	B	전세 항공기는 항공기 전체를 임대하는 것으로, 운송조건의 적용은 제한적이며, 전세협정으로 규정된다.
03	C	기타 세금과 요금은 운임과 별도로 계산되며, 변동 시 차액을 징수하거나 환불한다.
04	C	승객이 지정된 시간 안에 체크인과 탑승 절차를 완료하지 않으면 항공사는 예약을 취소할 수 있다.
05	C	항공사는 환불 요청 기한이 지나거나 의심스러운 서류에 대해 환불을 거부할 수 있다.
06	B	스톱오버 시 승객은 정부와 항공사의 요구 조건을 따라야 한다.
07	B	승객은 기내에서 소란을 피우거나 다른 승객을 불편하게 하는 행동을 해서는 안 된다.

제6장

탑승절차 및 이륙 준비
완료 메시지

1 승객 탑승

승객 탑승절차는 출발 라운지에서 항공기 객실까지 승객을 효율적이고, 안전하게 이동시키는 것이 목적이다. 항공기가 터미널과 떨어져 있으면 승객을 반드시 버스로 운송한다. 항공기가 터미널 근처에 있으면 램프 지역을 통해 승객이 탑승할 수 있으며, 이는 지상직원의 감독이 필요하다.

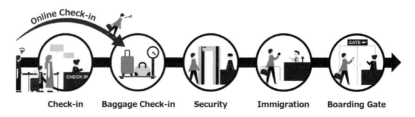

승객의 탑승 과정

지상직원의 게이트 업무는 다음과 같다.

- 도착 항공기를 맞이하고 승객이 안전하게 하기하도록 함
- 항공기 탑승게이트 지역 준비
- 출발과 도착 승객에게 정보 제공
- 정시 및 안전 출발을 위해 모든 부서와 연계
- 승객이 제시간에 게이트에 도착하도록 탑승 안내
- 지연 등 잠재적 문제 파악
- 수하물 태그, 탑승 보고 카드 등 서류작업 준비
- 특별 도움이 필요한 승객 위치 확인
- 기내 반입 금지 품목 점검
- 탑승 안내방송 및 지연, 게이트 변경 정보 방송
- 승객의 탑승권, 여권 등 서류 확인

지상직원의 책임은 다음과 같다.

- 항공편명과 탑승시간이 FIDS(Flight Information Display System) 와 탑승게이트에 정확히 표시되는지 확인
- 객실승무원과 협조하여 탑승 시작
- 명확한 안내방송 확인
- 특별히 주의가 필요한 승객에게 도움 제공
- 정확한 탑승절차 준수
- 탑승 시작과 마감을 정시에 이행
- 보안과 안전절차 실행
- 필요 서류 작성 및 기내 전달
- 승객에게 주기장 구역까지 운송 제공
- 항공기 문이 정시에 닫히는지 확인

Flight Information Displays (FIDS)

1) 안내방송

공항에서는 승객에게 항공편명, 목적지, 탑승시간, 사전 탑승 공지, 탑승 순서 등을 알리기 위해 게이트 안내방송을 한다. 항공기 교체, 지연, 취소 등 이상 상황에서도 안내방송을 한다. "조용한 공항" 정책을 채택하는 공항이 늘고 있어 승객은 FIDS 스크린에서 정보를 확인해야 한다.

다음 상황에서 게이트 안내방송을 한다.

- 승객에게 탑승 순서와 탑승 시작 알림
- 탑승 과정을 원활하게 안내
- 승객에게 이상 상황 알림
- 메시지를 전하기 위해 승객 호출

방송 언어는 지역 언어와 다수 승객이 이해할 수 있는 언어로 한다. 첫 안내방송은 다수가 이해할 수 있어야 한다. 승객을 위한 탑승방송은 지상직원의 중요한 업무 중 하나로, 전문적인 수준을 요구한다.

(1) 공공안내 방송 지침

전문성

- 전문적인 안내방송은 직원 자신에게도 중요한 인상을 남긴다.
- 정보 전달을 준비하며 자신감 있게 전달한다.
- 명확하고 자신 있게 말한다.
- 정보 전달 시 소리 내어 웃지 않는다.
- 테스트를 위해 마이크를 치지 않는다.
- 비속어나 전문용어를 사용하지 않는다.

명확성

- 중얼거리지 않으며 목소리 크기와 톤을 중요하게 여긴다.
- 적당한 톤으로 명확히 말한다.
- 지연 방송 시 신빙성을 유지한다.

간결성

- 간결하게 의도한 승객에게 내용을 전달한다.
- 방송 내용을 분명히 이해하고 간단하고 명확하게 전달한다.
- 빠르게 이야기하지 않는다.

사실성

- 지연 상황에서는 항상 진실하고 정확한 정보를 전달한다.

침착성

- 침착한 어조를 유지하며, 단정적이거나 공격적이지 않게 말한다.
- 서두르지 않으며 침착하고 자신감 있는 태도로 안내방송을 한다.

(2) 탑승 안내방송

항공기의 위치에 따라 두 가지 형태의 안내방송을 한다.

- 항공기가 게이트에 대기하고 있어 승객이 탑승교를 통해 탑승할 수 있을 때
- 항공기가 주기장(apron) 지역에 대기하고 있어 승객을 버스로 항공기까지 운송할 때

(3) 기내반입수하물 안내방송

기내반입수하물 체크인을 알리는 방송은 기내반입수하물 처리 절차에 도움을 준다. 항공기가 만석이거나 많은 기내반입수하물이 있을 때 안내방송을 한다.

(4) 지연상황에서의 안내방송

실제 출발시각이나 도착시각이 공지된 시각보다 늦은 경우를 지연상황으로 본다. 지연 원인과 예상 지연시간에 관한 안내방송을 정기적으로 한다.

- 출발 예정 시간까지 10분 간격
- 출발 예정 시간 이후에는 15~20분 간격

다음 경우에 안내방송을 한다.

- 지연이 확인되는 즉시
- 직원이 게이트 업무를 시작할 때
- 지연이나 지연시간에 관한 새로운 정보가 없더라도 원래 탑승시간에 맞춰 탑승이 제시간에 시작될 수 없는 경우

2) 탑승순서

적절한 탑승절차를 위해 항공기의 구성요소와 좌석 이용률을 고려하는 것이 필수적이다. 좌석 이용률이 낮은 항공편도 승객에 대한 항공사의 이미지와 신뢰성을 전달하기 위해 순차적 탑승이 중요하다. 전 세계 항공사는 일반적으로 다음과 같은 순서대로 탑승을 진행한다.

① 들것을 사용하는 승객

② 장애가 있는 승객, 어린아이를 동반한 승객과 도움이 필요한 승객

③ 악기나 기타 물품을 실으려고 추가 좌석을 예약한 승객

④ 중간 스톱 지점에서 연결편을 이용하는 승객(회사 절차에 따라 상이함)

⑤ 그 외 승객

비즈니스석, 일등석, 상용 고객(여행 마일리지 프로그램 고객) 승객은 4그룹 이후에 탑승하거나 항공사 정책에 따라 탑승할 수 있다. 일등석·비즈니스석 승객이 대기하는 라운지에서 탑승 정보를 지속적으로 업데이트하여 승객이 탑승게이트에 제시간에 올 수 있도록 한다.

3) 탑승관리시스템

탑승관리시스템은 항공사의 탑승수속 시스템과 연계된 응용 프로그램이다. 이 시스템은 지상직원이 탑승객의 데이터베이스를 관리해 게이트에서 자동화된 탑승관리를 제공한다.

(1) 기본 기능

탑승게이트 판독기(BGR boarding gate reader)와 바코드 스캐너가 워크스테이션에 부착되어 있으며, 탑승권 정보를 읽어내어 데이터베이스를 업데이트한다. 바코드 스캐너가 정보를 인식하지 못하는 경우, 지상직원이 체크인 한 순번sequence을 수동으로 입력할 수 있다.

(2) 휴대수하물 보안

휴대수하물은 항공사 정책에 따라 처리하며, 승객이 허용 한도를 초과한 경우 문제를 제기한다. 모든 수하물은 보안법에 맞춰 관리·감독되어야 한다.

(3) 기본 탑승과정

기본적인 탑승과정은 다음과 같다.

① 로그인 후 항공편 탑승 수속을 진행하고, 기기를 작동한다.
② 탑승 직원이 바코드 스캐너를 사용하거나 승객의 좌석번호 또는 체크인 순번을 수동으로 입력한다.
③ 탑승 번호를 입력해 탑승완료 처리하고(on-board) 전자항공권의 상태도 BRDG로 변경된다.
④ 모든 승객이 탑승한 후, 데이터가 체크인 시스템으로 자동 전송된다.
⑤ 탑승컨트롤에서 다양한 정보를 제공한다.
⑥ 탑승 완료 후, 탑승관리시스템이 체크인 시스템에 데이터를 전송한다.
⑦ BGR 또는 수동입력이 완료되면 탑승업무가 마감되며 항공기 출발 후 비행편이 FF(flight finalized)에서 PD(purge data set)가 되면 전자항공권의 상태는 USED 상태가 된다. 탑승관리가 마감된다.

(4) 빠른 탑승서비스

2D 바코드를 스캔해 정보를 항공사 시스템에 전송해 승객 목록을 확인한다. 승객이 탑승 자격이 있는 경우 허가 메시지를 보낸다. 스마트폰과 온라인상의 탑승권을 사용해 셀프보딩을 할 수 있다.

(5) 탑승관리

체크인한 승객만 항공기에 탑승해야 한다. 이를 지키지 않으면 보안규정 위반으로 항공사가 과징금을 물거나 처벌받을 수 있다. 경유 탑승권을 모아 수를 세고, 체크인한 승객의 수와 탑승목록의 승객 수가 일치하는지 확인한다.

(6) 녹색등 탑승

사전 탑승을 진행하는 것을 녹색등 탑승이라고 한다. 특정 시간에 맞춰 탑승 준비가 진행되기 때문에 필요 이상의 커뮤니케이션 절차를 거치지 않는다.

(7) 원거리 탑승 – 버스 운송

버스로 승객을 항공기까지 운송할 때는 일등석과 비즈니스석 승객을 위한 운송 수단을 따로 마련한다. 날씨가 안 좋은 경우 승객이 버스 안에 오래 머무르지 않도록 한다.

(8) 항공기까지 도보 이용

지상직원이 승객을 그룹으로 만들어 항공기로 안내한다. 기름, 얼음, 물, 날개 끝, 위험한 엔진 등을 피하고, 심각한 날씨에서는 승객이 주기장 구역에 있도록 하지 않는다. 추가 안전 주의사항은 다음과 같다.

- 공항 주변에서 흡연을 금지한다.
- 도보 이용 시 승객을 혼자 두지 않는다.
- 승객을 반드시 항공기까지 곧바로 안내한다.

2 승객 – 수하물 일치

항공운송 기관의 규정에 따르면, 해외로 위탁 수하물을 가지고 여행하는 승객이 항공기 문이 닫히기 전에 출국게이트에 도착하지 않으면, 항공기 이륙 전에 해당 승객의 수하물을 항공기에서 내려야 한다. 승객이 탑승하는 항공기에 승객의 위탁 수하물이 실렸는지를 확인하는 과정을 "승객-수하물 일치"라고 하며, 체크인 시스템과 탑승관리시스템을 통해 자동으로 수행된다. 이 과정은 항공기와 승객의 보안을 강화하는 데 중요한 역할을 한다.

승객-수하물 일치 과정에 대한 규정이 제정되기 전에는 주인 없이 항공기에 실린 수하물 안의 폭탄이 터져 두 대의 항공기가 폭발하는 사건이 발생했다.

- 1985년 6월 23일, Air India Flight 182가 몬트리올-런던-델리 경로로 비행하던 중 고도 31,000피트(9,400m) 지점에서 폭탄에 의해 폭발했다. 이 사건

으로 329명이 사망했다. 이는 캐나다 현대사에서 최악의 대량학살이며, 수역에서 발생한 치명적인 항공 재난이다. 이는 첫 번째 747 점보 제트의 폭탄 사고였다.

- 1988년 12월 21일, Pan Am Flight 103이 런던 히드로 공항에서 뉴욕 존 F. 케네디 공항으로 가던 중 보잉 747-121기가 폭탄에 의해 파괴되었다. 이 사고로 243명의 승객과 16명의 승무원이 사망했다. 동체 일부가 스코틀랜드 록커비 마을에 떨어져 몇 개의 집들이 파괴되고, 11명의 주민이 사망했다. 총 사망자는 270명이었다.

1) 승객-수하물 일치 과정

승객-수하물 일치 과정은 다음 지침을 반드시 준수해야 한다.

- 항공기에 탑승하는 정확한 승객 수와 TOB(Total Count on Board)가 일치하는지 확인하는 것이 지상직원의 책임이다.
- 자동화된 공항에서는 게이트 스캐너로 탑승권을 시스템에서 자동으로 처리한다.
- 비자동화된 공항에서는 모든 탑승객의 체크인 순번이나 좌석번호를 시스템에 입력한다.
- 수동화된 공항에서는 일련번호, 항목, 기록서류 또는 좌석도면을 사용한다.
- TOB를 선임객실승무원과 확인하고, 일치하지 않으면 즉각 조치를 취해 안전을 보장하고 지연을 피한다.

탑승하지 않은 고객이 있을 때 처리 방법은 다음과 같다.

- 고객 파일을 불러와 수하물 개수/무게와 태그번호를 확인한다.
- 고객이 전 여정 체크인을 한 인바운드 승객인지 확인하고, 인바운드 항공기에 승객의 도착을 확인한다.
- 데이터를 램프 에이전트에게 전송하고, 안내방송으로 고객의 이름을 호출한다.
- 탑승객 수를 재확인하고, 객실승무원에게 나타나지 않은 승객의 좌석을 직접 점검하도록 요청한다.

- 입국심사, 세관, 면세점, 식당, 라운지 구역을 확인한다.
- 승객이 최종적으로 탑승하지 않은 것이 확인되면 수하물을 항공기에서 내린다.
- 전 과정을 객실승무원과 연계하여 처리한다.
- 수하물을 내린 경우, 탑재 서류에 세부 정보를 기재한다.

연결 승객이 사라진 경우 처리 방법은 다음과 같다.

- 기내반입수하물이 있는지 확인하고, 확인된 수하물을 제외한 모든 신원 불명의 물품을 항공기에서 내린다.
- 필요 시 지역 정부 기관에 알린다.

2) 승객 수 확인

게이트에 오지 않거나 고객을 찾을 수 없는 경우, 지상 직원은 객실 승무원에게 좌석 점검을 요청한다.

연결 공항에서 도중 체류 중인 연결 승객이 있을 때는 탑승 인원을 확인해야 한다. 이때, 객실 승무원은 유아를 포함한 기내 총 탑승 인원을 확인한다.

3) 게이트 노-쇼

체크인 한 승객이나 연결 승객이 게이트에 나타나지 않는 경우, 승무원과 탑재 관리팀에 알려서 해당 수하물을 내리고 좌석을 취소한다(OFLD offload)

4) 사라진 승객과 상황보고서

환승 고객이 사라지는 경우, 고객의 세부사항과 수하물 내려짐 여부를 기장에게 알려야 한다.

5) 수하물 일치 확인

확인한 총 승객 수가 일치하지 않거나 사라진 승객의 수하물을 찾을 수 없는 경우, 기장은 모든 수하물을 항공기에서 내려 승객이 자신의 수하물을 확인하도록 요청한다. 승객의 수하물 클레임 태그 번호를 수하물과 맞춰보고, 확실하게 확인된 수하물만 항공기에 싣고, 확인되지 않은 수하물은 원래 공항에 남긴다. 이 수하물 식별 절차는 시간이 걸리지만, 특히 정치적 긴장이 고조된 특정 국가나 지역에서 비행 안전을 위해 필수적이다.

3 PIL

PIL Passenger Information List은 특정 공항에서 해당 항공편에 탑승한 승객의 상세정보를 제공한다. 승무원은 PIL을 확인해 승객이 탑승 시 요청하거나 필요한 기내 서비스를 제공할 수 있다. 다양한 구간 비행에서는 각 공항에서 PIL을 기내에 제공한다.

PIL 처리 절차는 다음과 같다.

- 체크인을 마친 경우 자동화된 체크인 시스템이 체크인 기록을 바탕으로 PIL을 자동으로 생성한다.
- 수동 작업 스테이션은 PNL상 정보와 체크인 중 수집한 정보를 근거로 수동 PIL을 작성한다.
- PIL은 다음과 같은 상세정보를 승무원과 지상직원에게 제공한다.
  - 일등석·비즈니스석 고객의 이름
  - 상용고객(FQTV)
  - VIP·CIP
  - 에스코트를 동반한 강제 추방자(DEPA)
  - 에스코트가 없는 강제 추방자(DEPU)
  - 입국거절승객(INAD: inadmissible passenger)

- 기내 특별식을 요청한 승객
- 아프거나 장애가 있는 승객(STCR, WCHR, WCHS, WCHC 등)
- UM/YP
- 모든 MAAS 승객
- 업그레이드 또는 다운그레이드 승객
- 그룹 여행 리더
- 여행 중인 직원
- 기내에 실린 애완동물
- 연결 대기 시간이 짧은 승객

3개의 PIL 복사본을 만들어 다음과 같이 분배한다.

- 객실 승무원을 위한 두 개의 복사본
- 스테이션 파일을 위한 하나의 복사본

❹ 로드컨트롤에 관한 정보 전송

로드컨트롤 직원이 제시간에 필요한 서류(Load & Trim sheet)를 작성하도록 지상직원은 반드시 체크인 과정을 정시에 마감하며, 가능한 신속하게 승객과 수하물 세부 정보를 전달해야 한다.

1) 승객 세부정보

체크인이 끝나면 승객 분류사항을 가능한 빨리 탑재관리팀에 전송한다. 승객은 성인(필요 시에는 남성과 여성으로 분류), 아동, 유아로 분류한다. 특정 그룹의 승객, 예를 들어 스모 선수나 럭비팀은 무게를 비표준으로 분류하며, 이를 탑재관리팀에 통지한다.

무게 허용 한도를 초과하는 수하물을 운송할 수 있으며, 관련 사항을 업데이트 하여 전달한다. DCS를 사용하는 공항에서는 좌석배정check-in을 하게 되면 남성은 75kg, 여성은 65kg, 소아는 35kg, 유아는 10kg의 무게를 자동 반영한다. 수동 작업을 하는 공항에서는 수동으로 정보를 제공한다.

2) 수하물 목록

체크인 마감 후 수하물 목록을 가능한 빨리 로드컨트롤 직원에게 전송한다. DCS를 사용하는 공항에서는 좌석배정 시에 위탁수하물의 개수와 무게를 반영하기 때문에 수하물 목록이 자동으로 생성된다. 수동으로 작업하는 공항에서는 수동으로 목록을 만든다. 비행 안전을 위해, 실제 수하물 무게를 출발관리시스템, 승객명단, 승객 클레임 보관표에 반드시 기재한다. 수하물 목록은 정확하게 기록되어야 하며, 모든 관련 데이터가 로드컨트롤 시스템에 입력된다. 수하물의 무게와 개수는 탑재 균형을 맞추기 위해 정확하게 반영되어야 한다. 이를 통해 비행기의 안전성과 효율성을 보장할 수 있다.

3) 승무원 수하물에 대한 세부정보

정확한 수하물 개수를 로드컨트롤 직원에게 전송하고, 탑재 자료에 중량을 추가한다. 승무원의 수하물이 허용 한도 무게를 초과하면 초과한 무게를 알린다. 이러한 정보는 텔렉스나 이메일로 문서화하여 전송한다.

4) 탑승 마감

탑승 종료 전 다음 사항을 수행한다.

• 노쇼우(no-show) 승객을 확인하고 노쇼우 승객의 위탁수하물을 하기한다. 사라진 승객의 탑승 여부와 위탁 수하물의 내림을 확인한다.
• 승인되지 않은 승객이 탑승해 있는지 확인한다.

- 승객 좌석이 변경되었는지 확인하고, 변경된 좌석에 대한 새로운 영수증이나 탑승권을 프린트하여 전달한다.
- 해당 항공편을 마감하면(FF) 모든 승객의 전자항공권은 탑승(BRGD)으로 바뀐다.
- 램프 에이전트에게 최종 탑승 승객 수를 알린다.
- 클로즈아웃 메시지와 PFS(Passenger Final Sales) 메시지를 전송한다.

PFS 메시지는 체크인 시스템에서 생성된 전신 형태의 피드백 메시지로, 체크인 시스템에 의해 생성된 PFS는 최종 마감과 함께 항공사 예약 시스템으로 전송된다.

5 비행 후 메시지와 관리

IATA PSCRM Resolution 708은 표준 운영 메시지Standard Operational Messages와 형식Formats을 명시한다. 항공기가 이륙한 직후 DCS는 항공기의 상태를 출발 후Post Departure로 바꾸고, 비행 후 메시지Post-flight Messages를 생성한다.

수동으로 작업할 때는 모든 비행 후 메시지를 IATA 표준 형식을 사용하여 텔렉스로 전송한다. 다양한 비행 후 메시지는 각각의 관련성을 갖는다. 다음 메시지는 지상직원이 업무를 준비하고, DCS에서 승객 정보를 업데이트하는 데 도움이 된다.

승객 메시지

- TPM(Teletype Passenger Manifest)
- PSM(Passenger Service Message)
- PTM(Passenger Transfer Manifest)
- SOM(Seat Occupied Message)
- DNB(Denied Boarding) report
- INAD(Inadmissible) or DEPO(Deportee) report

탑재·장비 메시지

- LDM(Load Distribution Message)
- CPM(Container and Pallet Message)
- UCM(ULD Control Message)
- MVT(Movement Message)

컨트롤로 전송하는 메시지와 보고서

- SLS(Statistical Load Summary)
- FTL(Frequent Traveler List)
- HB(Hand Back or No-show, Go show, No-record list)
- PFS(Passenger Final Sales)

자동화된 지점은 모든 보고서와 메시지가 시스템에서 생성되며, 자동화되지 않은 지점에서는 수동으로 전송한다. 다음은 지상직원이 주로 다루는 중요한 비행후 메시지에 대한 설명이다.

- TPM(Teletype Passenger Manifest)은 항공편 이륙 직후 정해진 형식으로 발송한다. 자동화된 공항에서는 항공편 이륙 시 다음 공항으로 전신화된 승객명단을 전송할 수 있다.
- PSM(Passenger Service Message)은 비행과 관계 있는 마지막 공항과 중간 공항에서 특별한 관리가 필요한 승객 정보를 담고 있다. 항공기가 다른 공항으로 경로를 변경할 시에는 최초의 PSM을 받은 공항에서 변경된 공항으로 메시지를 보내야 한다.
- PTM(Passenger Transfer Message)은 연결 항공편을 이용하여 도착 공항에서 승객과 수하물을 운송하는 것을 보여준다. DCS를 사용하는 공항에서는 자동으로 생성되며, 수동으로 일하는 공항에서는 수동으로 생성하여 보낸다.
- SOM(Seat Occupied Message)은 항공기의 좌석 점유 상태를 다음 공항에 알린다. 좌석에 운송되는 수하물(CBBG)을 포함한 데드로드는 점유 좌석으로 간주하며, "SOC"로 표시한다.

- LDM(Load Distribution Message)은 모든 항공편 출발 직후 전송한다. DCS를 사용하는 지점에서는 LDM을 자동으로 생성한다.
- CPM(Container and Pallet Message)은 모든 화물 적재를 위한 벌크 컨테이너 펠렛을 실은 화물 항공기 이륙 후에 전송한다. DCS를 사용하면 CPM은 자동으로 생성된다.
- SLS(Statistical Load Summary)의 목적은 핸들링하는 회사와 항공사의 통계 부서 간에 정보 교환을 위한 일반 형식을 제공하기 위함이다.
- FTL(Frequent Traveler List)은 마일리지 우대카드 번호가 있는 상용여행객 리스트이다.
- PFS(Passenger Final Sales) 메시지는 출발 공항에서 항공기의 최종 탑승객 수를 예약시스템으로 전송한다.

01 승객 탑승 절차의 주요 목적은 무엇인가?

    A. 승객의 여권 확인

    B. 승객을 안전하고 효율적으로 이동시키는 것

    C. 승객의 수하물 검토

    D. 승객에게 음식 제공

02 공공안내 방송 지침 중 전문성에 관한 설명으로 올바른 것은?

    A. 마이크를 치며 테스트한다

    B. 비속어나 전문용어를 사용한다

    C. 자신감 있게 명확하게 말한다

    D. 빠르게 이야기한다

03 다음 중 일반적인 항공기 탑승 순서가 아닌 것은 무엇인가?

    A. 장애가 있는 승객, 어린아이를 동반한 승객

    B. 악기나 기타 물품을 실으려고 추가 좌석을 예약한 승객

    C. 비즈니스석 승객

    D. 일반 승객

04 게이트 노-쇼 상황에서 취해야 할 조치가 아닌 것은 무엇인가?

    A. 승무원과 탑재관리팀에 알림

    B. 체크인 기록을 취소

    C. 승객의 좌석 번호를 확인

    D. 사라진 승객의 수하물을 내리지 않음

05 PIL이 제공하는 정보로 적절하지 않은 것은?

A. 일등석·비즈니스석 고객의 이름

B. 연결 대기 시간이 짧은 승객

C. 항공편의 비행 경로

D. VIP·CIP 승객

06 LDM(Load Distribution Message)에 대한 설명으로 적절한 것은?

A. 항공편 도착 직후 전송한다.

B. 화물 적재 상태를 알리는 메시지이다.

C. DCS를 사용하는 지점에서는 자동으로 생성된다.

D. 승객의 최종 탑승객 수를 예약시스템으로 전송한다.

정답과 해설

번호	정답	해설
01	B	승객 탑승 절차의 주요 목적은 출발 라운지에서 항공기 객실까지 승객을 안전하고 효율적으로 이동시키는 것이다.
02	C	공공안내 방송 지침 중 전문성에 관한 설명으로 올바른 것은 정보 전달을 준비하며 자신감 있게 명확하게 말하는 것이다.
03	C	비즈니스석 승객은 일반적으로 4그룹 이후에 탑승하거나 항공사 정책에 따라 따로 탑승할 수 있다.
04	D	게이트 노-쇼 상황에서는 승무원과 탑재관리팀에 알리고, 체크인 기록을 취소하며, 사라진 승객의 수하물을 내려야 한다. 승객의 좌석 번호 확인도 포함된다. 수하물을 내리지 않는 것은 잘못된 조치이다.
05	C	PIL은 승객에 대한 상세 정보를 제공하지만 항공편의 비행 경로는 포함되지 않는다. PIL은 주로 승객 서비스와 관련된 정보를 제공한다.
06	C	LDM은 항공편 출발 직후 전송되며, DCS를 사용하는 지점에서는 자동으로 생성된다.

제7장

위험물 규정

① 국제 위험물

　　IATA는 안전한 항공운항을 위해 위험물 규정을 제정하였다. 위험물 운송 규정은 모든 공항과 항공사가 따라야 하는 가장 엄격한 항공산업 국제규정이다. 지상직원은 금지된 위험물이 항공기에 실리지 않도록 법적 요구사항과 국제위험물 규정을 준수해야 한다. 또한, 지상직원은 위험물 규정에 따라 승객에게 항공기에 가지고 탈 수 있거나 없는 물질에 대해 안내해야 한다.

　　지상직원은 승객이 운반할 가능성이 있는 모든 위험물을 찾아내고 식별하는 데 도움을 줄 수 있도록 준비한다. 지상직원은 위험물을 식별할 수 있어야 하며, 승객에게 이에 따른 조언을 해줄 수 있어야 한다.

위험물의 정의

"위험물은 건강, 안전, 재산 또는 환경에 위험을 유발할 수 있는 물품이나 물질을 의미한다. IATA DGR Section 3에는 '위험물' 적용 여부를 결정하는 기준이 제시되어 있다."

---

1) 위험물의 항공운송 - 법적 기준

　　U.N. CoE는 방사성 물질을 제외한 모든 유형의 위험물 운송 권고 절차를 개발하여 모든 운송 방법에 적용한다.

　　IAEA^{International Atomic Energy Agency}는 방사성 물질 운송 절차를 개발하여 '방사성 물질의 안전한 운송 규정'에 수록한다.

　　ICAO는 이를 바탕으로 '항공 위험물 안전운송을 위한 기술 지침서'(ICAO-T.I.)를 개발하여 국제민간항공기구 조약의 부속서 18에 포함시킨다. IATA DGR은

U.N. CoE document on DG

ICAO-T.I.의 요구사항을 포함하고, 더 구속적인 요구사항을 추가하여 산업표준 사례와 운영 고려사항을 반영한다.

2) 주요 국제위험물 문서

지상직원이 참고해야 하는 주요 국제위험물 문서는 다음과 같다.

- DGR : ICAO에서 출간하는 위험물의 안전한 항공운송을 위한 기술지침서이다.
- CFR-TITLE 49 : 미국 정부가 발간한 연방정부 규정 코드로, 미국의 모든 항공사와 미국 영역에 들어오는 항공기에 적용된다.
- IATA DGR : ICAO의 규정에 몇 가지 규정을 추가하여 IATA가 발간하며, 매년 개정된 매뉴얼을 출간한다.

IATA DGR 메뉴얼

3) IATA 위험물 규정 적용

(1) 화주의 책임

IATA 회원과 IATA 인터라인 협정에 참여하는 항공사에 위험물을 위탁운송하는 화주는 출발지, 경유지, 도착지의 모든 규정을 따라야 한다. 화주는 분류, 포장, 라벨링, 마킹, 서류작성과 사인에 책임을 진다.

(2) 운영자의 책임

운영자는 위험물 운송 시 다음과 같은 요구사항을 준수해야 한다.

• 허가	• 저장	• 탑재
• 검사	• 보고	• 훈련
• 기록 소지	• 비상상황 대응 정보를 포함한 정보 제공	

지상직원은 위험물이 있는 승객과 수하물을 취급할 때 위의 요구사항에 따라 항공사의 운영을 도와야 한다.

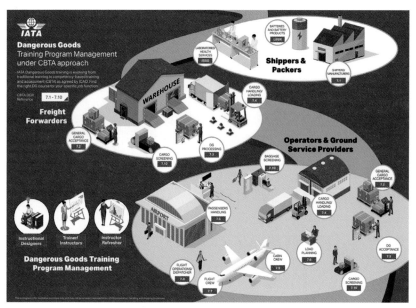

IATA DGR 역량별 구분

4) IATA 위험물 운송 지침

위험물 운송 관리는 확실한 규정과 지침을 통해 이루어진다. DGR은 U.N.에서 분류한 각각의 물품과 물질, 항공 운송 허가 가능성 및 운송 조건을 명시하여 위험물을 구체적으로 제시한다. 위험물은 목록에 없더라도 일반 성향을 표시하거나 "별도로 명시되지 않은" 항목도 포함하여 분류한다.

(1) 금지사항

일부 품목은 어떤 상황에서도 운송이 금지된다(例 수류탄, 폭탄). 일부 품목은 특별 승인 하에 운송 가능하며, 제한적 운송이 필요한 품목도 있다. 몇 가지 품목은 특정 조건을 충족하면 여객 항공기로도 운반할 수 있다.

(2) 포장

포장은 비행기를 이용해 위험물을 안전하게 운송하기 위한 필수 요소이다. 부적절한 포장은 비행기와 승객을 위험에 빠뜨릴 수 있다. IATA 위험물 규정은 모든 위험물의 포장 방법을 설명하며, U.N.의 성능 테스트를 통과한 특정 포장을 사용하도록 요구한다.

(3) 마크와 라벨

포장된 물품은 규정에 따라 미리 정해진 방법으로 표시하고, 위험물을 신속히 식별할 수 있도록 라벨을 부착한다. 이는 위험물 전문가나 HAZMAT 팀이 신속히 위험물의 유형을 규정하고 해결하기 위해서이다.

(4) 신고

화주의 올바른 신고는 운송과 관련된 모든 사람이 위험물의 성질을 알고 적절히 처리하도록 돕는다. 이는 기내나 지상에서 사건이 발생했을 때 중요하다.

(5) 기장에게 알림

기장은 모든 응급상황에 대처하기 위해 항공기에 실린 물품을 알아야 한다. 사건 발생 시 대응에 도움이 되도록 항공교통서비스팀에 이 정보를 전달한다.

(6) 숨겨진 위험물 피하기

집이나 직장 주변의 물품은 잠재적으로 위험물이 될 수 있다. 이를 "숨겨진 위험물"이라 부르며, 승객과 화주는 해당 물품을 소지하거나 수하물 및 항공 화물로 보내지 않도록 해야 한다.

(7) 사고 보고

위험물 사고는 즉시 보고하여 해당국 정부 기관이 조사하고 올바른 조치를 취할 수 있도록 한다. 규정 변경이 필요하다면 신속하고 적절한 규제 조치를 한다. 사고 발생 시에는 IATA DGR Section 9.6 형식을 사용하여 보고한다.

(8) 훈련

훈련은 안전한 규제 정책을 유지하는 데 필수적이다. 위험물 관리, 준비, 운송에 관여하는 모든 사람은 적절한 훈련을 받아야 한다. 각자의 업무 기능에 따라 기본 교육이나 고급 훈련이 필요하다.

(9) IATA 위험물 지원

IATA는 화주의 물품 분류를 돕기 위해 교육과 컨설팅 서비스를 개발했다. 매년 위험물 규정을 업데이트하며, PSCRM Resolution 745에 포함된 해결책은 승객 수하물 내 위험물에 대한 주의를 준다. IATA 위험물 규정은 승객이 수하물에 넣을 수 있는 품목 리스트를 제공한다. 2015년 6월 1일부터 적용된 PSCRM Resolution 745의 요약본은 다음과 같다.

RESOLUTION
승객 수하물 안의 위험물
IATA는 승객의 안전을 위해 위험물 규정을 제정했다. 회원사는 다음 사항을 준수해야 한다.

1. 위험물
1.1.1 IATA 위험물 규정의 최신 개정본 세부 항목 2.3에서 특별히 허용하는 경우를 제외하고, 승객의 모든 기내반입수하물과 위탁 수하물에 위험물을 운송하지 않는다.
1.1.2 회원사는 승객 핸들링 직원과 승무원이 위험물을 위탁 수하물 안에 넣는 것을 엄격히 금지하도록 절차를 만들고 공지한다.

2. 승객의 인지
2.1 회원사는 승객에게 항공권 구매 시점에 수하물 안의 위험물에 대한 제한사항을 확실히 제공한다. 승객이 수하물 안의 위험물에 대한 제한사항을 이해했다는 표시를 해야 항공권 구매가 완료된다.
2.2 공항의 여러 장소에 금지 위험물에 대한 알림판을 설치한다. (항공권 발행 장소, 승객 탑승 수속 장소, 항공기 탑승 구역)
2.3 항공사 웹사이트나 다른 정보자료에서 체크인 과정 전에 승객이 위험물에 대한 정보를 볼 수 있도록 한다.
2.4 원격으로 체크인 시, 승객에게 금지된 위험물 유형에 대한 정보를 제공하며, 이해했다는 표시를 해야 체크인 절차가 완료된다.

2.5 공항에서 자동화된 체크인 시설을 이용할 때도 금지된 위험물 유형에 대한 정보를 제공하며, 이해했다는 표시를 해야 체크인 절차가 완료된다.

GOVERNMENT RESERVATIONS

영국 법이 IATA의 모든 해결책에 우선한다. 영국 법률은 항공 내비게이션 오더와 항공 내비게이션 규정사항(1985년 4월)에 포함되어 있다.

RESOLUTION 745

DANGEROUS GOODS IN PASSENGERS BAGGAGE

PSC(35)745   Expiry: Indefinite
                    Type: B

RESOLVED that, Members shall:

1. Observe the following with respect to the carriage of dangerous goods in or as passenger-checked or carry-on baggage.

1.1 DANGEROUS GOODS

1.1.1 For safety reasons dangerous goods as defined in the IATA Dangerous Goods Regulations (DGR), shall not be carried in or as passenger checked or carry-on baggage except as specifically permitted in accordance with the provisions set out in Subsection 2.3 of the current edition of the IATA DGR.

1.1.2 Members must develop and publish for passenger handling staff and cabin crew the procedures to be followed to alert passengers that certain items of dangerous goods are specifically prohibited from being in checked baggage, e.g. spare lithium batteries. The procedures must address circumstances where due to the quantity of carry-on baggage or due to aircraft size limitations passenger carry-on baggage cannot be accommodated in the cabin.

2. PASSENGER AWARENESS— DANGEROUS GOODS IN BAGGAGE

2.1 To place special emphasis on passenger awareness of dangerous goods in baggage, Members must ensure that information as to the types of dangerous goods which a passenger is forbidden from transporting aboard an aircraft is provided at the point of ticket purchase. Information provided via the Internet may be in text or pictorial form but must be such that ticket purchase cannot be completed until the passenger, or a person acting on their behalf, has indicated that they have understood the restrictions on dangerous goods in baggage.

2.2 In addition, Members must ensure that notices warning passengers as to the type of dangerous goods which they are forbidden from transporting aboard an aircraft are:

(a) prominently displayed in sufficient number at each of the places at an airport where
   ◇ tickets are issued,
   ◇ passengers checked in,
   ◇ aircraft boarding areas, and
(b) clearly displayed at any other location where passengers are checked in.

These notices must include visual examples of dangerous goods forbidden from transport aboard an aircraft.

2.3 Members should have information on those dangerous goods which may be carried by passengers in accordance with 1.1.1 available prior to the check-in process on their web sites or other sources of information.

2.4 When provision is made for the check-in process to be completed remotely (e.g. via the Internet), Members must ensure that information on the types of dangerous goods which a passenger is forbidden to transport aboard an aircraft is provided to passengers. Information may be in text or pictorial form but must be such that the check-in process cannot be completed until the passenger, or a person acting on their behalf, has indicated that they have understood the restrictions on dangerous goods in baggage.

2.5 When provision is made for the check-in process to be completed at an airport by a passenger without the involvement of any other person (e.g. automated check-in facility), Members or the airport operator must ensure that information on the types of dangerous goods which a passenger is forbidden to transport aboard an aircraft is provided to passengers. Information should be in pictorial form and must be such that the check-in process cannot be completed until the passenger has indicated that they have understood the restrictions on dangerous goods in baggage.

GOVERNMENT RESERVATIONS

UNITED KINGDOM

In regard to Resolutions 618, 619, 745, 745a, 745b and 801 or any other Resolution dealing with the carriage of dangerous goods or weapons, firearms and ammunition, as cargo or by passengers, the legislation in the UK takes precedence over these Resolutions. The UK legislation is contained in Air Navigation Order and the Air Navigation (Dangerous Goods) Regulations. (April 1985)

(10) 승객의 위험물 인지

ICAO Annex 18, Section 9.3은 각 계약 국가가 승객에게 항공기 반입 금지 위험물에 대한 정보를 경고 방식으로 전달할 것을 규정한다. 항공사는 승객이 항공기 탑승 시 운반할 수 없는 금지된 위험물 유형에 대한 정보를 항공권과 함께 제공하거나 체크인 전에 볼 수 있도록 해야 한다. 이를 통해 승객이 위탁 수하물이나 기내반입수하물에 무엇을 넣을 수 없는지 알 수 있도록 모든 공항에서 교육해야 한다.

지상직원의 역할

지상직원은 수하물 안에 위험물이 있다고 의심될 때, 승객과 수하물의 모든 내용물을 확인해야 한다. 금지 품목을 그림으로 디스플레이하여 공항 터미널, 보안검색 구역, 승객 체크인 데스크 주요 지점에 배치한다.

승객의 위험물 확인

의약품과 세정도구

의약품과 세정도구는 제한된 양만 소지할 수 있다. 금지물 중 상당수는 화물규정에 따라 포장하여 항공화물로 운반할 수 있다.

IATA DGR 1.4.3

IATA DGR 1.4.3은 항공사, 조업사, 공항이 항공기내 반입 금지 위험물 유형에 대해 반드시 승객에게 경고해야 한다고 명시한다.

안내사항 디스플레이

항공권 발행 장소, 승객 탑승수속 장소, 항공기 탑승 지역, 수하물 찾는 곳에 충분한 수를 눈에 띄게 디스플레이한다. 승객이 탑승수속을 하는 모든 지역에 선명하게 디스플레이 한다. 안내서나 알림 카드는 그림으로 작성되어 승객이 쉽게 이해할 수 있도록 한다. 인터넷이나 셀프서비스 체크인 시에도 승객이 제한사항을 숙지했다는 표시가 필요하다.

금지품목 안내

교육의 중요성

지상직원은 위험물에 대한 교육을 받아야 하며, 승객에게 이를 알리고 조언할 수 있어야 한다. 보안요원 또한 승객과 수하물을 검색하여 위험물을 발견할 수 있어야 한다. 지상직원과 보안요원은 밀접하게 협력하여 업무를 처리해야 한다.

2 위험물 제한 사항

위험물은 항공기로 운송하기에 위험한 것, 화물 항공기로만 운송 가능한 것, 화물과 여객기 모두 운송할 수 있는 것으로 나뉜다. 특정 위험물은 항공 운송이 금지된다. IATA와 ICAO가 이 제한사항을 정하고, 정부와 항공사가 추가할 수 있다. 지상직원은 수하물의 위험물 여부를 IATA 규정에 따라 판단한다.

- 금지 위험물 : 폭발 가능성, 위험한 반응, 불꽃, 열 방출 가능성이 있는 물질이다. 중독성, 부식성, 연소성 가스나 증기를 만드는 물질은 운송하지 않는다.
- 잠재적 위험물 : 숨어있는 위험물은 집과 직장에서 항공으로 보낼 때 위험할 수 있는 물품이다. 지상직원은 수하물 내용물을 확인해야 한다. 예로, 드라이아이스, 젖은 포장, 냄새, 무게중심 이동 등이 있다.

Dry Ice(solid carbon dioxide)

유해물질 라벨이 붙은 수하물은 내용물을 명확히 입증해야 한다. 위험물이 없으면 라벨 제거 후 탑승을 허가한다. 수하물 안에 위험물이 있으면 탑승을 허가하지 않는다.

일반적인 예로는 차량부품, 호흡 장비, 캠핑 장비, 화학물질, 진단용 표본, 다이빙 장비, 드릴, 전자장비, 전기 동력 기구, 냉동식품, 가정용품, 연구실 테스트 장비, 자석 등이 있다.

승객이나 승무원은 위탁수하물이나 기내반입수하물로 위험물을 운반하면 안된다. 화물칸에 싣는 수하물로만 허용되는 물품도 있다. 지상직원은 숨겨진 위험물을 알고, 판단할 수 있어야 한다.

③ 분류, 포장, 표시 및 라벨링

1) 위험물 분류

위험물은 9가지 유형으로 분류되며, 일부는 소수점으로 세분된다. 각 위험물 분류에는 IATA 3-letter Cargo-IMP 코드가 할당되어, 다양한 문서에서 쉽게 식별할 수 있다.

Class 1 : 폭발물(Explosives)	폭발물은 자체적으로 우연히 점화될 수 있으며, 항공기를 파괴할 수 있는 장치 제작에 사용된다. 이 등급에는 폭죽, 플레어, 탄약 등이 포함된다.	
Class 2 : 가스류(Gases)	가스 용기는 기압 변화로 기내에서 위험할 수 있으며, 용기 손상 시 가스 누출로 큰 위험이 발생한다. 이 등급에는 부탄, 프로판, 캠핑 가스 실린더 등이 포함된다.	

Class 3 : 인화성 액체 (Flammable Liquids)	인화성 액체는 화재를 쉽게 일으키고 확산시킬 수 있으며, 라이터 연료, 페인트 희석제, 화이트 스피리트 등이 이에 속한다.	
Class 4 : 가연성 고체(Flammable Solids)	가연성 고체는 마찰, 물과의 접촉 또는 기타 방법으로 스스로 점화할 수 있다. 이 등급은 여러 세부 분류로 나뉜다.	 Subclass 4.1: Flammable solids Subclass 4.2: Spontaneously combustible solids Subclass 4.3: Dangerous when wet
Class 5 : 산화성 물질(Oxidizing Substances) 및 유기과산화물(Organic Peroxides)	산화성 물질과 유기과산화물은 화학 반응을 통해 산소를 공급하며 쉽게 발화하고 빠르게 연소한다.	 Subclass 5.1: Oxidizing agent Subclass 5.2: Organic peroxide oxidizing agent
Class 6 : 독성(Toxic) 및 전염성 (Infectious)	독성 및 전염성 물질은 인체에 해를 끼칠 수 있으며, 밀폐된 공간에서 큰 자극을 유발할 수 있다.	 Subclass 6.1: Poison Subclass 6.6: Biohazard
Class 7 : 방사성 물질(Radioactive Material)	방사성 물질은 방사능을 방출하며, 특정 의약품에 사용된다.	
Class 8 : 부식성 물질(Corrosive Materials)	부식성 물질은 피부를 손상하거나 금속을 파괴할 수 있다.	
Class 9 : 기타 위험물 (Miscell-aneous)	기타 위험물은 기타 분류에 속하지 않는 위험한 물질을 포함하며, 자석과 드라이아이스 등이 이에 해당한다.	
그 외 위험물	리튬 및 리튬 이온 배터리는 과열될 경우 폭발하고 화재를 일으킬 수 있어 항공기 내에서의 안전한 취급이 중요하다. 자석물질, 드라이아이스 등	

2) 위험물 포장

위험물은 항공운송 중 발생할 수 있는 여러 상황에 견딜 수 있도록 설계된 포장재를 사용한다. 포장재는 단일 포장이거나 복합 포장일 수 있으며, 관리의 편리성을 위해 추가로 포장될 수 있다. 각 위험 등급에 따른 포장 요건을 명시하고 예외 없이 준수해야 한다. 대부분의 위험 등급은 항목이나 물질의 위험 정도에 따라 세 가지 포장 형태로 구분된다.

포장 그룹 I	큰 위험 그룹
포장 그룹 II	중간 위험 그룹
포장 그룹 III	적은 위험 그룹

운송을 위한 칸막이가 있는 이중벽 골판지 상자부식성 액체 4병

방사성 물질의 유해성은 포장된 물품의 방사능 수준에 따라 결정되며, T.I.Transport Index로 표현된다. T.I.는 문서, NOTOC 및 포장물품에 표시된다.

3) 위험물 마킹(표시)

위험물을 포함한 포장된 물품은 내용물의 위험성을 알리기 위해 특정 마킹과 라벨을 사용한다. 정확한 마킹과 라벨링은 안전운송 과정에서 중요하다. 마킹과 라벨은 포장재의 내용물, 승인된 표준형식 준수 여부, 안전한 취급 및 보관 정보를 제공하고, 위험물질의 성질을 표시한다. 화물대리점, 운송업체, 사업자는 인수인계 시 마킹과 라벨이 정확한지 확인해야 한다.

위험물 포장 표시 사례,
🅤 4G/Y 35/S/03GB/8231

화주는 필요한 표시가 규정에 맞는지, 규격포장이 필요한 경우 마킹이 있는지, 관련 없는 표시를 제거했는지, 필요한 모든 표시가 있는지 확인해야 한다. 두 가지

형태의 마킹이 존재한다. 하나는 특정 탑재물을 식별하는 마킹으로, 모든 위험물 포장제품에 적절한 이름, U.N. 또는 ID 번호, 화주와 수탁인의 이름과 주소를 표시해야 한다. 다른 하나는 포장물품의 디자인이나 세부사항을 식별하는 마킹으로, U.N.이 정한 규격 포장을 사용할 때 스탬프, 인쇄 또는 기타 표시가 있어야 한다.

모든 포장제품은 적절한 라벨링과 함께 적절한 탑재 이름, U.N. 또는 ID 번호, 화주와 수취인의 전체 이름과 주소를 표시해야 한다,

4) 위험물 라벨링

위험물이 포함된 포장제품은 내용물을 알릴 수 있도록 적절하게 라벨링해야 한다. 라벨에는 위험 라벨Hazard Labels과 취급 라벨Handling Labels 두 가지 유형이 있다. 특정 위험물은 특별한 방법으로 취급하거나 탑재해야 하므로 위험 라벨과 함께 취급 라벨이 필요하다.

위험 라벨Hazard Labels은 다음과 같다.

- 자석물질(MAG) : 비교적 높은 자석력을 가진 물질이다.
- 화물 항공에만 탑재(CAO) : 화물 항공기에만 허가하는 포장물품에 사용한다.
- 저온액체(RCL) : 저온액체(냉장 액화 가스)가 포함된 포장재에 사용하며, 인화성이 없는 가스 (Division 2.2) 위험 라벨과 함께 사용한다.
- 이 방향을 위로(This way up) : 포장제품의 놓는 방향을 나타낸다. 누출되어 화재나 재산 피해를 유발할 수 있는 액체 위험물이 들어 있는 포장재에 사용한다.
- 열로부터 멀리하시오(Keep away from heat) : 자기반응성 물질이 포함된 포장제품에 사용한다.
- 예외의 방사성 물질(RRE) : 소량의 방사성 물질이 포함된 포장제품이나 방사성 물질이 있는 빈 상자, 도구, 품목에 사용한다.
- 예외의 대량 위험물 : 예외적인 양의 위험물 패키지에 사용한다.
- 리튬 전지 : 열이 가해질 때 폭발할 가능성이 있음을 표시한다.
- 환경 유해물질 : 환경 유해물질이 포함된 포장제품에 사용한다.
- 생동물 : 생동물을 실은 트롤리에 사용한다.

❹ 위험물 처리 절차

비상상황 절차는 위험물을 취급하는 모든 장소에서 가능해야 한다. ICAO 부속서 14-비행장, 제9장 비상상황 및 기타 서비스에는 항공관련 정부기관이 위험물 비상 절차를 만들어야 한다고 명시하고 있다. 비상상황 대응 훈련은 공항에서 일하는 모든 사람에게 필요하다.

1) 지상직원과 보안 검색요원의 대응 절차

위험물 사고 발생 시 지상직원과 보안 검색요원이 따라야 할 절차는 다음과 같다.

- 상위관리자에게 보고하고, 상황의 위험 정도를 파악한다.
- 포장의 마킹과 라벨을 조사하여 위험물을 식별한다.
- 포장제품을 다른 물품과 격리한다.
- 내용물과의 접촉을 피한다.

내용물이 몸이나 옷에 닿았을 경우 아래와 같이 처리한다.

- 몸을 물과 비누로 깨끗이 닦는다.
- 오염된 옷을 제거한다.

- 음식을 섭취하거나 흡연하지 않는다.
- 손으로 눈, 입, 코를 만지지 않는다.
- 즉시 의료 담당자를 부른다.

사고에 연루된 직원의 이름을 기록하고, 적절한 기관에 보고할 때까지 사고 지점에 머문다.

2) 응급상황과 대처방안

지상직원이 응급상황에 대해 대처하는 절차는 다음과 같다.

- 유출되거나 새는 것을 즉시 분리한다.
- 허가 받지 않은 사람의 접근을 금지한다.
- 연관된 물질에 대한 정보를 알아내고, 유출 사실을 당국에 보고한다.
- 유출된 물질을 만지거나 위로 지나가지 않는다.
- 적절한 보호 장비를 착용한 경우를 제외하고는 손상된 컨테이너나 유출된 물질을 만지지 않는다.
- 깨진 유리나 날카로운 물체를 접촉하지 않는다.
- 드라이아이스가 들어있는 손상된 패키지는 물이나 성에를 만들 수 있으므로 만지지 않는다.
- 액체 질소가 들어있는 경우 심각한 화상을 입을 수 있다.
- 유출된 물질을 흙, 모래 또는 다른 불연소성 물질로 흡수시킨다.
- 손상된 패키지나 유출 물질을 젖은 수건이나 헝겊으로 덮고 액체 표백제나 소독제로 젖은 상태를 유지한다.

응급처리는 다음과 같이 한다.

- 노출된 사람을 안전한 격리된 장소로 옮긴다.
- 응급 의료서비스를 부른다.
- 오염된 의류와 신발을 제거하여 분리한다.
- 즉시 흐르는 물에 적어도 20분 동안 피부 또는 눈을 닦아낸다.
- 그 이상의 도움을 받기 위해 적절한 공공보건 기관에 연락한다.
- 의료관계자가 연관된 물질에 대해 아는지 확인한다.

3) 사건과 사고 보고

위험물 포장의 유출, 누출, 파손과 관련된 사건과 사고 발생 시 공항 소방부서에 "위험물질 사건Hazmat incident"으로 보고한다. 사건 및 사고와 장소에 대한 간략한 정보를 제공한다.

사건과 사고의 정의는 다음과 같다.

- 사고(Accident) : 위험물의 운송과 관련하여 일어나는 치명적이거나 심각한 부상, 자산 손상
- 사건(Incident) : 위험물 운송과 관련하여 발생하며, 항공기 또는 탑승자를 심각한 위험에 빠뜨림

운영자는 사고가 일어난 국가 담당 부서의 보고 요건에 따라 보고해야 한다. 정부 기관이 지정한 보고서 형식이 없을 때에는 IATA 위험물 규정 매뉴얼을 따른다. 개인 진술 시 다른 보고서 형식이 필요할 수 있으며, 항공사는 적절한 국가의 규약을 따른다.

항공기 사고

01 위험물 항공운송과 관련된 주요 문서가 아닌 것은?

A. DGR

B. CFR-TITLE 49

C. IATA DGR

D. EU Regulation 261/2004

02 다음 중 IATA의 위험물 운송 규정에서 금지된 품목은 무엇인가?

A. 수류탄

B. 의약품

C. 세정도구

D. 의류

03 지상직원이 수하물에서 잠재적 위험물을 식별하기 위해 확인해야 할 사항이 아닌 것은 무엇인가?

A. 냄새

B. 무게중심 이동

C. 라벨 제거

D. 젖은 포장

04 다음 중 Class 2에 속하는 위험물은 무엇인가?

A. 석유

B. 성냥

C. 이산화탄소

D. 건전지

05 위험물 포장물에 필요한 표시가 아닌 것은?

A. U.N. 또는 ID 번호

B. 화주와 수취인의 이름과 주소

C. 포장 재료의 가격

D. 적절한 탑재 이름

06 위험물이 포함된 포장제품에 사용되는 라벨링의 유형은 무엇인가?

A. 가격 라벨과 정보 라벨

B. 위험 라벨과 취급 라벨

C. 배송 라벨과 포장 라벨

D. 안전 라벨과 경고 라벨

07 위험물 사고를 보고할 때 공항 소방부서에 어떤 용어로 보고해야 하는가?

A. 화학물질 사고   B. 유해물질 사고

C. 위험물질 사건   D. 화물 사고

정답과 해설

번호	정답	해설
01	D	EU Regulation 261/2004는 항공편 지연, 취소, 탑승 거부와 관련된 규정으로, 위험물 운송과 관련이 없다.
02	A	IATA 위험물 규정에 따르면, 수류탄과 같은 폭발물은 어떤 상황에서도 항공기로 운송이 금지된다.
03	C	지상직원이 잠재적 위험물을 식별할 때는 냄새, 무게중심 이동, 젖은 포장 등을 확인해야 하며, 라벨 제거는 위험물이 없을 때 수행하는 후속 조치이다.
04	C	이산화탄소는 비인화성, 비독성 가스로 Class 2의 Division 2.2에 속하는 위험물이다.
05	C	위험물 포장물에는 U.N. 또는 ID 번호, 화주와 수취인의 이름과 주소, 적절한 탑재 이름이 표시되어야 하지만, 포장 재료의 가격은 필요하지 않다.
06	B	위험물이 포함된 포장제품에는 내용물을 알릴 수 있도록 위험 라벨(Hazard Labels)과 취급 라벨(Handling Labels)이 필요하다.
07	C	위험물 포장의 유출, 누출, 파손과 관련된 사건과 사고 발생 시 공항 소방부서에 "위험물질 사건(Hazmat incident)"으로 보고한다.

제**8**장

승객 상호 작용

1 고객서비스의 중요성

1) 고객의 기대

고객은 지불한 가격에 맞는 좋은 품질의 제품을 기대한다. 고객은 이미 특정한 기대를 가지고 서비스를 받기를 원하며, 이러한 기대는 과거 경험과 주변 사람의 경험을 통해 형성된다.

(1) 고객이 무엇을 원하는가?

고객이 원하는 것은 친절, 권한, 이해, 공평함, 정보이다. 지상직원의 친절한 태도는 고객의 경험에 가치를 더한다. 고객에게 상황에 대한 주도권을 줘서 필요를 쉽게 표현하게 하고, 공감을 통해 이해받기를 원한다.

공정한 대우를 바라며, 정보를 적시에 받으면 서비스에 만족한다. 고객은 지상직원이 관심을 보이고 예의 바르며, 신속하고 효율적인 서비스를 제공하기를 기대한다. 고객 관리는 문제가 발생하기 전부터 고객을 서비스의 중심에 두는 것이다. 고객은 가격에 맞는 가치를 원하며, 장기적인 단골손님이 되기를 기대한다.

(2) 고객 행동의 이해

고객은 필요에 따라 행동방식이나 커뮤니케이션 방식을 바꾼다. 고객의 요구를 충족시키기 위해서는 행동을 바꾸는 이유를 이해해야 한다. 감정, 가치, 문화가 행동을 유도한다는 점을 알아야 한다. 일부 고객은 부정적인 감정을 표시하지 않고 감추어 문제를 해결한다.

지상직원은 고객이 겉으로 드러나지 않는 부정적인 감정을 가질 수 있음을 알아야 한다. 행동은 표면에 보이는 작은 부분이며, 표면 아래의 동기 부여 요소가 행동에 큰 영향을 준다.

고객 서비스를 제공할 때, 표면 위의 일부분만으로 판단하지 말고, 행동을 유도하는 표면 아래의 요인을 살펴야 한다. 고객 행동은 문화적 요소에 영향을 받으므로, 지상직원은 고객의 문화적 인식을 이해해야 한다.

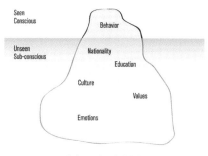

빙산 모델, 인간 행동

(3) 고객 서비스의 전달

고객 서비스의 핵심은 고객의 요구를 충족하는 것이다. 고품질 고객서비스는 처음부터 적절한 서비스를 제공하는 것을 의미한다. 이를 위해 올바른 고객 서비스 행동을 보이고, 고객 서비스 표준을 일관성 있게 준수해야 한다.

지상직원은 조직을 대표하여 고객과 만난다. 고객은 지상직원의 행동을 통해 조직을 판단하며, 처음 90초 안에 첫인상의 90%를 결정한다. 따라서 올바른 인상을 줄 기회는 단 한 번이다.

2) 커뮤니케이션

항공산업에서 지상직원은 다양한 국적과 문화의 사람들과 매일 소통해야 한다. 이 때문에 고객과의 효율적인 커뮤니케이션이 중요하다. 커뮤니케이션은 양방향 프로세스로, 메시지를 전달하면서 고객의 말을 듣고 이해해야 한다.

고객의 다양성

때로는 요구 사항을 명확히 하도록 요청할 수도 있다. 효과적인 커뮤니케이션은 참여를 의미하며, 고객의 요구와 질문을 많이 끌어낼수록 상호작용 효과가 높아진다.

(1) 언어적 커뮤니케이션과 비언어적 커뮤니케이션

커뮤니케이션은 수신된 메시지와 전달된 메시지가 같을 때 성공한다. 커뮤니케이션의 요소는 단어 7%, 어조 38%, 신체 언어 55%로 구성된다. 연구에 따르면, 말하는 방법이 중요하다. 커뮤니케이션에는 언어적, 비언어적 측면이 있다.

- 비언어적 커뮤니케이션은 신체 언어라고도 하며, 보디랭귀지, 표정, 눈 맞춤, 손짓, 몸의 움직임, '흠', '아', '오' 등의 표현, 목소리의 음색, 억양, 음질, 호흡 등이 포함된다.
- 언어적 커뮤니케이션에서 언어는 강력한 도구로, 긍정적인 단어를 사용해 친밀감과 자신감을 형성한다. 단어는 감정을 전달하므로 올바른 단어 선택이 중요하다. 선택한 단어는 상호작용 결과에 영향을 미쳐 고객에게 소외감을 주거나 서비스 신뢰를 구축할 수 있다.

(2) 언어사용

부정적인 언어는 고객에게 이행할 수 없는 사항을 알리고, 비난의 어조로 이야기하며 "할 수 없습니다", "안될 것입니다", "불가능합니다"와 같은 단어를 사용한다. 반면, 긍정적인 언어는 승객에게 가능한 사항과 대안, 선택권을 제시하고, 긍정적인 일과 결과를 강조한다.

전문용어 사용을 금지하고, "알다시피", "사실상", "기본적으로"와 같은 말을 피한다. 고객과 대화할 때 사용하는 단어에 주의하고, 신중하게 서비스 언어를 선택하면 고객을 만족시킬 수 있다.

(3) 고객과 대화 단계

① 인사말 − 고객에게 먼저 인사한다.

- 안녕하십니까, 오늘 기분이 어떠신가요?

  "Hello Sir, how are you today?"

- 안녕하세요, 좋은 아침입니다. 어떻게 도와 드릴까요?

  "Good morning ma'am, how may I help you?"

② 고객의 이름을 부름 – 이름을 사용하도록 노력한다.

- 스미스씨, 제가 여권을 살펴볼 수 있을까요?

  "Mr. Smith, may I have a look at your passport please."

- 기다리게 해서 죄송합니다. 존스씨, 안녕하세요.

  "I'm sorry to keep you waiting, Ms. Jones."

- 카터씨, 다시 뵙게 되어서 반갑습니다.

  "Hello Mr. Carter, nice to see you again."

③ 가벼운 말 건네기 – 공손한 대화로 친절함을 나타낸다.

- 탄씨, 싱가포르로 휴가를 떠나시나요?.

  "Are you going to Singapore for a holiday, Mr. Tan?"

- 오늘 좋은 일이 있어 보이시네요. "You look very happy today, sir."

④ 공손한 단어 사용 – "고맙습니다", "실례지만" 같은 표현을 사용한다.

- 실례지만, 스미스씨, 비행기에 탑승할 시간입니다.

  "Could you please go for boarding now?"

- 제안해 주셔서 감사합니다.

  "Thank you for your suggestion, Sir."

- 지금 탑승해 주시기 바랍니다.

  Excuse me Mr. Rajah, the flight is boarding now."

⑤ 업무 처리 완료 시 인사말 사용

- 존슨 씨, 즐거운 여행이 되시길 바랍니다.

  "Have a pleasant flight, Mr. Johnson."

- 안녕히 가십시오. 곧 다시 뵙기를 바랍니다.

  "Goodbye Sir, and see you again."

- 저희 항공기를 이용해 주셔서 감사합니다.

  "Thank you for flying with us."

(4) 서비스 언어

☹ 이렇게 말하지 않기 "도와 드릴 게 있나요?"
　 "Can I help you, sir?"

☺ 이렇게 말하기 "손님, 무엇을 도와드릴까요?"
　 "How may I help you, sir?"

☹ 이렇게 말하지 않기 "네, 비즈니스 좌석이 남아 있지만, 손님이 요금을 더 지불하셔야 탑승이 가능합니다."
　 "Yes, there is a seat available in Business Class, but you have to pay the fare difference."

☺ 이렇게 말하기 "네, 비즈니스 좌석이 남아 있지만, 다른 요금을 적용해야 합니다."
　 Yes, there is a seat available in Business Class, however there is a fare difference."

☹ 이렇게 말하지 않기 "죄송하지만, 회사 방침에 따라야 합니다."
　 "I'm sorry sir, but this is company policy."

☺ 이렇게 말하기 "실망하셨다면 죄송합니다. 제가 손님 상황에 있어도 똑같이 속상할 것 같지만, 회사 절차 규정을 따르면…."
"I totally understand your frustration, sir, and I would feel the same way if I were in your shoes; however

☹ 이렇게 말하지 않기 "손님, 뭐가 문제인가요?"
"Excuse me, sir, what is the problem?"

☺ 이렇게 말하기 "손님, 어떻게 도와드릴까요?"
"Excuse me, sir, how may I help you?"

☹ 이렇게 말하지 않기 "지금 바로 탑승하세요."
"You better go for boarding now".

☺ 이렇게 말하기 "지금부터 탑승절차를 진행해 주시기 바랍니다."
"Please proceed to boarding now"

(5) 듣기

모든 사람은 자신이 남의 말을 잘 듣는다고 생각하는 경향이 있다. 그러나 사람은 보통 1분에 180단어를 말하며, 몇 배나 더 빠르게 생각한다. 이로 인해 집중력이 떨어져 다른 사람이 전달하고자 하는 것의 반 정도만 듣는다. 듣기의 유형은 다음과 같다.

- 한계적 청취 : 자신만의 생각에 빠져 있거나 집중력 부족, 성급함 등으로 산만하다.
- 선택적 청취 : 의견을 제시하고 응답에 중점을 둔다.
- 적극적 청취(능동적 청취) : 다른 사람의 관점에 맞추어 본다.

적극적 청취는 특히 우수한 서비스를 제공하고자 할 때 가장 효과적인 청취 유형으로서 말하는 사람에게 초점을 맞춘다. 청취자는 상대방이 말한 것을 자신의 말로 되풀이할 수 있어야 한다. 듣기를 통해서 고객이 표현을 특별히 하지 않을 때에도 고객의 요구를 예측할 수 있다. 고객의 말을 청취함으로써 자신보다 고객을 우선시하며, 고객의 요구가 최우선 사항이라고 말한다.

효과적으로 듣는 방법

존중과 관심	의견을 존중하고 걱정하며 진지하게 듣고 있음을 보여준다. 적절하게 눈을 맞추고, 몸 자세를 확인하고, 긍정적인 표정을 만들며, 적절하게 끄덕임을 한다. 잘 듣고 있다는 것을 알리는 "아 그런가요?", "맞습니다", "이해합니다", "그 말씀이 옳습니다"와 같은 말들을 사용하며, 개방적 신체 언어를 채택한다.
세부 사항 확인	세부 사항을 다시 확인한다. "스미스씨, 싱가포르로 돌아가는 항공편을 변경하고 싶다고 요청하셨는지 다시 한번 확인해 주시겠습니까?"
감정에 공감	감정에 공감한다. "네, 스미스씨, 아주 오랫동안 기다리고 있다는 것을 알고 있습니다. 제가 지금 바로 일이 어떻게 진행되고 있는지 확인하겠습니다."
이해를 위한 질문	확실한 이해를 하기 위한 질문을 한다. "탑승 라운지를 떠나기에 충분한 시간이 아직 남아 있는지 확인해 드리겠습니다, 김선생님. 지금 어디로 가시는지 말씀해 주시겠습니까?"
요약	자신의 말로 요약한다. "감사합니다. 고객님의 수하물을 시드니에서 체크인하도록 확인하기를 원하십니까?"
집중력 유지	집중력을 유지한다. 마음을 비우고 고객에게 주의를 기울인다. 동시에 한 명 이상의 고객을 대하는 경우, 대기 고객에게 시선을 끄거나 고개를 끄덕이거나 "잠시만 기다려 주십시오."와 같은 따뜻한 말을 하는 것이 중요하다. 기다림이 끝나면 "오래 기다리게 해서 죄송합니다. 무엇을 도와 드릴까요?"와 같은 말을 건넨다.
관찰	승객은 자신이 무엇을 원하는지 항상 말로 표현하지 않는다. 어조와 제스처를 민감하게 살펴보며 기회를 포착한다. 승객은 의도하고자 하는 것에 반응을 보인다.
무례한 고객 대처	고객이 무례하게 보일 때는 감정적으로 반응하지 않는다. 무례하다고 생각하는 것은 흔히 스트레스의 결과이거나 언어에 능숙하지 못하거나 문화의 차이에서 발생한 경우일 수 있다.

듣기에 전념	청취자의 사고 속도는 화자의 전달 속도보다 3배 이상 빠르고, 이로 인해 산만해지기 쉽다. 산만함을 피하려면 머릿속으로 내용을 요약을 하고, 비언어적인 메시지를 적어두며, 공감 능력을 극대화 하기 위해 화자의 입장에 자신을 대입시켜 본다.
전체 메시지 듣기	반응하기 전에 전체 메시지를 듣는다. 메시지를 완전히 흡수할 때까지 진심으로 귀 기울여 들었다고 주장할 수는 없다. 듣는 것은 관대함을 나타내는 행동이다. 경청할 때, 다른 사람에게 자신의 관심사가 아닌 상대의 관심사에 절대적인 초점을 맞춘다. 너무 이야기가 길어지는 경우에 관대함을 갖기가 힘들지만, 성급하게 결정하고 대답하는 대신에 말 한 사람이 한 이야기를 요약하여 물어본다.

상대방이 듣게 만드는 방법

- 열정적으로 말하고, 목소리 억양에 다양한 변화를 준다. 단조로운 어조를 피하도록 한다.
- 질문을 사용하여 다른 사람을 참여시키며, 강의식으로 말하지 않는다.
- 명확하게 요점을 말한다. 커뮤니케이션은 명확하고 간결하며 유익해야 한다.
- 연관성 없는 문제로 돌려 말하지 않는다.
- 요점을 요약하고 강조한다. 반복, 예시 및 고객 중심의 설명을 이용해 강조할 수 있다. "탑승시간은 출발 3시간 전"이라고 말하는 대신에 다음과 같이 말한다. "스미스 씨, 출발 시각 3시간 전 정오 12시까지 공항에 도착하셔야 합니다."

(6) 질문

효과적인 커뮤니케이션에서 질문의 중요성

질문은 고객을 이해하는 데 도움을 주는 효과적인 도구로서, 다음과 같은 이점을 얻을 수 있다.

- 필요와 기회 발견
- 핵심 사항을 명확히 정의
- 관심 유발
- 문제 해결 능력을 향상

질문할 때 다음을 기억한다.

- 고객이 질문의 이유를 알고 있는지 확인한다.
- 간단하게 질문한다.
- 이전 응답을 바탕으로 구축한다.
- 잠깐 멈춤으로써 고객으로부터 받은 응답에 대해 고려한다는 사실을 전달한다.

개방형 질문

개방형 질문은 의도적으로 더 긴 대답을 이끌어내며, 다음과 같은 특성이 있다.

- '무엇을', '왜', '어떻게', '어떻게 설명하는지' 등의 단어로 시작한다.
- 고객이 적극적으로 대화에 참여하도록 유도한다.
- 응답자에게 대화의 통제권을 넘긴다.
- 상대에게 통제권을 넘겨주는 것처럼 보이기 때문에 개방형 질문을 하는데 망설여질 수도 있다. 하지만, 잘 구성된 질문을 통해 승객의 관심을 유도하고 원하는 답을 얻을 수 있다.

닫힌 질문(단답형)

닫힌 질문은 개방형 질문과 정반대이며 한 단어, 짧은 구, '예' 또는 '아니요'로 대답할 수 있다. 예를 들어, "창문 쪽 좌석이나 통로 쪽 중 어느 것을 선호하십니까?"

닫힌 질문의 특징은 다음과 같다.

- 사실을 알려준다.
- 대답하기 쉽다.
- 대답이 빨리 나온다.
- 필요한 사항을 확인하도록 도와준다.
- 질문자가 대화를 통제한다.

3) 고객 서비스 오리엔테이션

준비를 통해 최상의 고객 서비스를 제공한다. 일찍 도착하여 카운터에 필요한 모든 것을 준비한다. 고객 친화적인 언어를 사용하고, 긍정적인 방식으로 대응한다. 고객이 도착한 후 10초 이내에 눈을 마주치고 인사말을 건네어 고객이 편안함을 느끼게 한다. 지상직원은 고객에게 긍정적인 인상을 주며, 고객의 말에 귀 기울이고, 필요에 세심한 주의를 기울인다.

적극적으로 듣는 것이 중요하다. 고객의 말에 집중하여 필요와 기대 사항을 파악한다. 적절한 시기에 질문하여 대화를 이끌고, 고객의 특정 정보를 얻는다. 질문은 고객의 요구를 파악하는 데 중요한 도구이다.

지상직원은 주인의식을 가지고 어려운 상황을 처리해야 한다. "제가 가방을 찾기 위해 최선을 다하겠습니다"와 같은 표현으로 책임을 진다. 고객이 자신이 중요하게 여겨지고 있다고 느끼게 한다. 상사에게 확인이 필요한 경우 "이 사실을 확인하고 다시 연락드리겠습니다"라고 말한다. 상황이 통제 범위를 넘어서면 상사에게 보고한다.

모든 고객의 요청이나 질문이 처리되었는지 재확인한다. 가능하다면 고객이 기대하는 것 이상을 제공하려 노력한다. 마지막으로 고객에게 추가로 도움이 필요한지 묻고 처리 과정을 마무리한다.

4) 서비스 체인

지상직원은 서비스 체인의 일부로, 각자의 업무가 다른 서비스 영역에 영향을 미친다는 것을 이해하는 것이 중요하다. 체인의 연결고리는 고객과 서비스 회사 간의 접점을 나타내므로, 강력한 연결고리를 만들기 위해 모든 직원이 자신의 업무를 잘 수행해야 한다. 체인은 회사에서 고객의 전체 서비스 경험을 나타내며, 강한 회사는 강한 체인을 가진다.

- Reservations (예약)
- Ticketing (티켓팅)
- Security (보안)
- Check-in (체크인)
- Passport Control (여권 검사)
- Customs (세관)
- Gates (탑승구)
- Cabin Crew (객실 승무원)
- Arrival (도착)

5) 어려운 승객과 불만 처리

항공사는 고객 충성도에 의존하므로 화난 승객을 전문적으로 대처하는 것이 중요하다. 고객의 불만은 종종 수준 이하의 승객 관리로 인해 발생한다. 불평하는 승객도 모두 고객이며 언제나 옳다는 것을 기억해야 한다.

분노는 일반적으로 사람이 겪는 감정이 다른 방향으로 확장되어 나타난다. 고객의 분노는 서비스 실패로 인한 좌절, 성가심, 실망 또는 상처의 감정에서 발생할 수 있다. 먼저, 화난 고객의 감정을 처리한 후 문제를 해결해야 한다. 고객이 화가 나면 논리적으로 생각하지 않으므로 공감을 표시하여 분노를 줄이려고 시도한다.

승객의 불만을 처리할 때는 공감 능력이 필요하다. 공감이란 고객이 어떤 상황에서 어떻게 느끼는지를 이해하고 인정하는 능력이다. 효과적인 서비스 복구의 핵심은 서비스 제공자가 공감을 표시하고 문제를 해결하며 고객 만족을 위한 솔루션을 제공하는 것이다. 다음 단계를 통해 공감을 표시하고, 효과적인 서비스 복구를 시작할 수 있다.

- 고객의 감정을 이해하고 있음을 알린다. "스미스씨, 불쾌하게 느끼시는 것에 대해 이해합니다."
- 고객에게 사과한다. "죄송하지만 오늘 예약하신 비행기가 취소되었습니다."
- 고객에게 문제를 해결하는 방법을 알린다. "제가 싱가포르로 가는 다른 항공편이 있는지 확인해 드리겠습니다."

고객은 일이 자신이 원하던 대로 진행되지 않으면 기분이 나빠진다. 고객의 태도나 요구가 비합리적일 수도 있지만, 고객의 요구에 맞춰 서비스를 제공하면 고객의 서비스 인식이 높아질 수 있다. 탁월한 서비스를 제공하는 이유는 고객이 다시 상품을 구매하도록 만들기 위해서이다. 충성도가 높은 고객은 만족한 제품과 서비스를 반복적으로 구매하므로 충성도 구축은 성공적인 비즈니스에 도움이 된다.

어려운 고객을 다룰 때 기억할 점은 변명하지 않고 공감하며 진심으로 사과하는 것이다. 자신의 통제를 벗어나는 문제는 상사에게 이관한다.

2 승객과 상호작용

1) 커뮤니케이션 가이드라인

(1) 정확한 정보 전달

승객에게 항공편 운항에 영향을 줄 수 있는 변경 사항을 지속적으로 알리는 것이 중요하다. 전달되는 정보가 정확한지 확인하는 것도 필수적이다. 부정확한 정보는 심각한 결과를 초래할 수 있다. 다음 사항에 유의한다.

- 항공사 용어(전문 용어)는 고객에게 혼란을 줄 수 있으므로 피한다.
- 승객과 접촉 시, 승객이 사용하는 언어나 영어를 사용한다.
- 긍정적인 이미지를 보이기 위해 신체 언어를 인지하고 노력한다. 부적절한 신체 언어의 예는 다음과 같다.
  - 인사말 생략
  - 팔짱 낀 모습

- 고개를 숙인 채로 승객 맞이
- 도움이 될 수 없음을 암시
- 승객 앞에서 개인 휴대 전화 사용
- 음식물을 씹으며 대화
- 부적절한 시기에 무전기 소란스럽게 사용

기타 권장 사항은 다음과 같다.

- 대부분의 여행 준비가 온라인 또는 여행사를 통해 이루어지므로, 지상직원은 자신이 승객과의 첫 접촉 지점일 수 있음을 기억한다.
- 탁월한 서비스는 고객 만족과 미래의 고객 충성도를 보장하는 핵심이다.
- 운영상의 어려움이 있을 때, 변명하거나 다른 부서로 책임을 돌리지 않는다.
- 어린 자녀를 둔 가족, 노약자와 휠체어 승객에게 적절한 주의를 기울인다.

(2) 승객에 대한 지원

승객을 항상 자연스럽고 능동적으로 지원한다. 각 단계는 서비스의 우수성과 전문성을 보여주기 위해 자신 있게, 효율적으로 그리고 예의 바르게 처리한다.

(3) 외모

지상직원은 고용된 항공사의 복장 규정 및 미용 기준을 준수하여 고객에게 항상 좋은 인상을 준다.

(4) 전화 예절

전화로 승객과 처음 직접 접촉할 때 첫인상은 오래 지속된다. 고객과의 전화 연락 시 다음 지침을 따른다.

- 신속하게 응답하고 발신자에게 인사한다.
- 부서와 본인이 누구인지 밝힌다.
- 예의와 전문성을 보여준다.

- 목소리에 따뜻함과 미소를 담는다.
- 발신자의 이름을 알게 되면 이름을 부른다.
- 분명하고 명확한 목소리로 말하고, 이야기하는 동안 먹거나 마시거나 담배를 피우지 않는다.
- 발신자에게 충분한 주의를 기울이고, 상대방이 말하는 동안 끼어들지 않는다.
- 정보를 확인하는 동안 발신자가 기다려야 하는 경우, 기다림에 대해 감사하고 전화를 걸어 줄 지를 묻는다. 지연에 대해 사과한다.
- 전화를 다른 부서로 돌려야 할 경우, 이를 고객에게 설명하고 신속하게 돌린다.
- 자리를 떠날 때는 주변 사람이 대신할 수 있는지 확인한다. 항상 전화 메시지에 응답하고, 전 화를 못 받은 것에 대해 사과한다.
- 발신자에게 감사 인사를 하고 즐거운 여행을 기원하며 유쾌하게 마친다.

(5) 일반인에게 정보 제공

직원이 삼가야 할 점은 다음과 같다.

- 항공사의 사내 문제에 대해 언급하지 않는다.
- 승객 예약과 관련된 정보를 누설하지 않는다 (예: 특정 항공편 세부 정보).
- 승객이나 일반 대중 앞에서 보안 문제를 언급하지 않는다.
- 항공사 문서를 복사하지 않는다.

2) 항공승객에 대한 서비스 약속

항공사 간의 경쟁이 치열해지면서 항공 여행객은 항공사, 공항, 가격, 서비스를 더 많이 선택할 수 있게 되었다. 많은 항공사가 "항공사 승객을 위한 서비스 의무"를 시행하고 있으며, 이는 항공 여행객에게 서비스 표준을 제공하기 위한 법적 구속력 없는 약속이다. 이 약속은 14개 영역에서 여행 전, 여행 중, 여행 후에 걸쳐 항공사가 제공해야 하는 서비스 수준을 정의한다. 이를 통해 여행객은 더 많은 정보를 바탕으로 항공사를 선택할 수 있다.

① 최저 운임 제공 : 각 항공사는 승객이 요청한 날짜, 항공편명, 서비스 클래스에 대해 적정한 최저 운임을 제공한다.

② 동의한 요금 준수 : 항공사는 승객이 지정한 날짜, 클래스, 항공편으로 예약한 항공권에 대해 금액을 인상하지 않는다.

③ 지연, 취소, 항로 변경 통지 : 예측 가능한 지연, 취소, 항로변경에 영향을 받는 승객에게 가능한 빨리 통지한다.

④ 지연 상황에서 승객 지원 : 2시간 이상 지연 상황에 있는 승객에게 적절한 도움을 제공한다.

⑤ 신속한 수하물 배달 : 각 항공사는 모든 위탁 수하물을 가능한 도착홀에 신속하게 전달하기 위해 노력한다.

⑥ 전화 예약 보류 또는 취소 허용 : 최소 24시간 동안 요금을 지급하지 않아도 되며, 금액을 즉시 지급하는 경우에 위약금 없이 예약을 취소할 수 있다.

⑦ 신속한 환불 : 각 항공사는 신용 카드 구매 시 영업일 기준 7일 이내, 현금 구매 시 영업일 기준 20일 이내에 환불을 처리한다.

⑧ 거동이 불편한 승객과 장애 승객에게 도움 제공 : 각 항공사는 장애가 있는 승객과 거동이 불편한 승객을 위해 서비스를 제공한다.

⑨ 기내 지연 발생 시 승객 지원 : 지상에서 지연된 항공기 탑승 승객에게 음식, 물, 화장실, 의료 서비스를 제공한다.

⑩ 체크인 속도를 높이는 조치 : 각 항공사는 합리적인 체크인 마감 시간을 정하며 적절한 조치를 취한다.

⑪ 탑승이 거부된 승객 수 줄이기 : 항공편 초과 예약 시 자원자를 찾는다.

⑫ 항공사의 상업 및 운항 조건에 관한 정보 제공 : 항공사는 승객에게 출발 시각, 도착 시각, 항로 정지 횟수, 항공기 변경, 수하물 허용량 등의 정보를 제공한다.

⑬ 운영 항공사에 대한 정보 제공 : 코드셰어, 프랜차이즈 또는 장기임대계획 계약에 따라 운항하는 항공편의 경우, 항공사는 승객에게 비행을 운항하는 항공사의 이름을 알린다.

⑭ 승객 불만 반응 : 항공사는 정상적인 상황에서 승객이 서면 항의에 대한 실질적인 응답을 28일 이내에 제공해야 한다.

01 고객의 행동을 이해하기 위해 지상직원이 알아야 할 것은 무엇인가?

A. 고객의 정치적 견해

B. 고객의 감정, 가치, 문화

C. 고객의 재정 상태

D. 고객의 여행 계획

02 커뮤니케이션의 성공은 어떤 요소에 가장 크게 의존합니까?

A. 언어적 요소

B. 비언어적 요소

C. 시스템적 요소

D. 기술적 요소

03 지상직원이 효과적인 커뮤니케이션을 위해 사용하는 말의 방식 중 효과적이지 않은 것은 무엇입니까?

A. "도와 드릴 게 있나요?"

B. "손님, 무엇을 도와드릴까요?"

C. "네, 비즈니스 좌석이 남아 있지만, 다른 요금을 적용해야 합니다."

D. "죄송하지만, 회사 방침에 따라야 합니다."

04 지상직원이 고객 서비스 오리엔테이션 중, 고객에게 최초 접근할 때 가장 중요하게 고려해야 할 행동은 무엇인가?

A. 고객의 짐을 먼저 확인한다

B. 고객에게 먼저 인사하며 눈을 마주친다

C. 고객의 탑승권을 먼저 검사한다

D. 고객에게 바로 질문을 한다

05 지상직원이 전화 통화 도중 반드시 피해야 하는 행동은 무엇인가?

A. 발신자의 이름을 사용하기

B. 정보를 확인하는 동안 기다려달라고 요청하기

C. 이야기하는 동안 음식을 섭취하기

D. 전화를 신속하게 다른 부서로 돌리기

06 항공사 승객을 위한 서비스 의무 중, 지연 상황에서 승객에게 제공되어야 하는 지원 시간 기준은 어떻게 되나요?

A. 1시간 이상 지연

B. 2시간 이상 지연

C. 3시간 이상 지연

D. 4시간 이상 지연

정답과 해설

번호	정답	해설
01	B	고객의 행동을 이해하기 위해 지상직원은 고객의 감정, 가치, 문화를 알아야 하며, 이는 고객 행동에 큰 영향을 미친다.
02	B	성공적인 커뮤니케이션은 신체 언어와 같은 비언어적 요소에 크게 의존한다.
03	D	"죄송하지만, 회사 방침에 따라야 합니다."는 고객에게 불필요한 소외감을 줄 수 있는 부정적인 말의 방식이다. 이는 고객의 문제에 공감하기보다는 회사의 규정을 우선시하는 태도를 보여준다.
04	B	고객이 도착한 후 10초 이내에 눈을 마주치고 인사말을 건네는 것은 고객이 편안함을 느끼고 긍정적인 첫인상을 가질 수 있도록 하는 중요한 행동이다.
05	C	전화 통화 중 음식을 섭취하는 것은 비전문적이며 고객에 대한 존중을 결여하는 행위이다.
06	B	2시간 이상 지연 상황에 있는 승객에게 적절한 도움을 제공하는 것은 항공사 승객을 위한 서비스 의무의 일부이다.

제**9**장

승객과 수하물의
항공 보안

① 항공 보안의 필요성

지상직원은 보안 위협이 될 수 있는 물품을 승객이 소지하지 못하게 하여 승객이 안전하게 여행하도록 해야 한다. 이는 승객이 운반하는 물품 관련 규칙과 규정을 숙지하는 것이 중요하다. 항공 보안의 필요성과 이를 위한 지상직원의 역할을 이해해야 한다.

항공산업은 전 세계 공항을 오가는 사람과 상품 운송에 관련된 다국적 사업이다. 대형 항공기의 도입과 합리적인 비용은 세계 여행 기회를 제공한다. 또한, 수입과 수출의 신속한 운송을 가능하게 하여 항공운송은 국제 무역에 필수적이다. 항공산업의 변화는 다음과 같다.

- 신속한 기술 및 엔지니어링 개발
- 민간 항공의 급속 성장
- 항공 자산 및 서비스의 상용화 증가
- 인간과 기술의 상호의존성 증가
- 국제 항공 보안 조치의 개발
- 민간, 군사 및 일반 항공의 영공과 시설 공유
- 비용 측면에서 보편성 증가

민간 항공은 테러리스트의 매력적인 공격 대상이다. 이는 특정 국가나 외교 정책과 관련된 항공사와 시설을 표적으로 삼을 수 있다. 이러한 공격을 방지하고 항공여행에 대한 대중의 신뢰를 강화하기 위해 항공보안 규정을 시행하고 있다. 항공보안은 공항과 항공사의 모든 사업에 필수적이다.

항공은 지속적으로 성장하는 산업이며, 국제여행의 주요 운송수단이다. 테러리스트와 범죄자는 소속 단체나 개인적인 이유로 항공에 관심을 갖는다. 이는 다음과 같은 민간항공의 특성 때문이다.

- 급속히 성장하는 산업이다.
- 높은 인지도와 상업적 가치가 있다.

- 많은 사람이 이용한다.
- 사고 발생 시 정부의 반응을 끌어내기 쉽다.
- 테러리스트에게 제한된 위험성을 제공한다.
- 항공기는 공격을 위한 이동 수단이 될 수 있다.

민간항공은 다음과 같은 변화를 겪고 있다.

- 저렴한 가격으로 더 많은 사람이 여행할 수 있다.
- 항공사 증가와 저비용 항공사 증가
- 신규 공항 건설과 기존 공항 확장
- 더 크고 연료 효율성이 높은 항공기 채택
- 항공화물 운송 사업의 성장

이러한 성장은 항공 산업의 위험성을 높인다. 다양한 범죄자가 항공산업에 위협을 가하고 있다. 민간항공은 과거 많은 테러리스트 공격을 받았다.

- 공중 납치
- 항공기 및 항공 시설 파괴
- 터미널 건물 공격
- 항공기에 폭발 장치 설치 시도
- 위탁 수하물, 신발, 속옷, 화물에 숨겨진 폭발물

이러한 사건은 중대한 인명 손실, 운영 중단, 항공업계의 평판 손상을 초래했다. 이는 경제적 손실로 이어졌다. ICAO는 공항과 항공사가 준수해야 하는 보안대책을 제정했다. 공항보안요원과 경찰이 이를 실행하고, 공항 직원 모두가 준수해야 한다.

KANDAHAR HIJACK: BOWING TO TERRORISM

지상직원은 이러한 보안 사항을 이행하는 데 중요한 역할을 한다.

2 ICAO 국제 컨벤션

공항 전반에 걸쳐 시행하는 보안기준을 제정하였고, 공항을 운항하는 항공사는 잠재적 위험을 줄이기 위해 동일한 보안기준을 준수한다. 이러한 보안기준은 ICAO 국제협약에서 회원국이 동의한 사항에 근거한다.

191개 회원국이 참여하는 ICAO는 항공안전과 보안 규정과 조약을 준수하도록 동의했다. ICAO의 항공보안 임무는 항공보안 원칙을 개발하고 이를 전 세계적으로 소통시키며 활성화하는 것이다. 또한, ICAO는 회원국이 이 원칙을 적용하도록 돕는다.

ICAO 항공보안 기준은 부속서 17, ICAO 보안 부속서, ICAO 보안 매뉴얼(서류 8973)에 명시되어 있다. 부속서 17은 표준과 권유지침(SARPs)을 담고 있으며, 표준은 국가에서 의무적으로 적용하는 기준이고 권유지침은 가능할 때 적용하는 것이다.

SARPs는 전 세계 공항의 보안을 규제하는 항공 보안 원칙에 기반한다. 항공 보안 원칙은 다음과 같은 목적을 가진다.

- 안전한 운영 환경 조성
- 법률 및 절차 정립
- ICAO 표준에 부합하는 보안 조치 개발
- 불법 방해 행동을 한 사람에 대한 인도와 기소

회원국은 자국 내 법률과 민간항공보안 프로그램에 이러한 원칙을 포함시켜야 한다. 시카고 컨벤션으로 알려진 국제민간항공 컨벤션은 1944년 12월 7일 시카고에서 52개국이 ICAO 설립에 동의하는 서명을 하였고, ICAO는 1947년 4월 4일 탄생했다. 같은 해 10월, ICAO는 U.N.의 전문기관이 되었다.

항공 보안 문제를 다루는 6개의 국제 컨벤션이 있다. 대부분은 컨벤션이 이루어진 도시 이름으로 알려져 있다.

도쿄 컨벤션(1963년)

도쿄 컨벤션은 항공기 기내에서의 범죄와 특정 행동에 관한 컨벤션이다. 항공기 내의 범죄와 안전에 영향을 미치는 행동, 항공기가 등록된 국가의 사법권, 승객을 내리게 하거나 제한할 수 있는 권한 등을 포함한 26개 조항을 다룬다.

헤이그 컨벤션(1970년)

헤이그 컨벤션은 위법적인 항공기 탈취 진압에 관한 컨벤션이다. 납치 범죄를 정의하고 중대한 처벌을 부과하며, 인도 또는 기소 허용, 항공기가 등록된 국가 이상의 사법권 확장을 포함한 14개 조항이 있다.

몬트리올 컨벤션(1971년)

몬트리올 컨벤션은 민간항공의 안전에 대한 불법 행동 진압을 위한 컨벤션이다. 항공기 탑승자에 대한 폭력, 항공기 파손 및 시도, 항공 시설 파손 등을 포함한 16개 조항이 있다.

몬트리올 프로토콜(1988년)

1971년 몬트리올 컨벤션을 강화하기 위한 추가 협약으로, 국제공항에서의 불법 폭력 진압을 다룬다. 국제공항에서의 폭력, 공항 시설이나 운항 중이 아닌 항공기 파손, 공항 운영 방해 등을 포함한 6개 조항이 있다.

플라스틱 폭발물 마킹 컨벤션(1991년)

탐지 목적을 위해 폭발물 마킹을 위한 컨벤션이다. 폭발물 식별을 위한 기준을 마련하고, 탐지 기술, 폭발 제조 과정에서의 마킹 에이전트 투입 요건 등을 포함한 15개 조항이 있다.

베이징 컨벤션 및 프로토콜(2010년)

베이징 컨벤션은 국제 민간 항공과 관련된 위법 행위 진압을 위한 컨벤션이다. 새로운 형태의 위협을 검토하고, 국제협력과 정책 필요성을 구체화하며, 지정된 범죄에 대한 사법권 결정 등을 포함한 25개 조항이 있다.

③ 승객과 수하물 보안 절차

지상직원은 항공보안에서 중요한 역할을 담당하며, 일선에서 승객과 수하물을 확인한다. 이 업무를 수행하기 위해서는 지상직원이 보안의 중요성을 이해해야 한다.

1) 탑승수속 보안절차

지상직원은 다음과 같은 업무를 처리한다.

- 출생연도 및 서류 유효기한이 포함된 여행서류를 확인하고, 서류상의 이름과 예약자의 이름이 일치하는지 확인한다.
- 승객과 서류상의 사진을 비교하여 신원을 확인한다.
- 항공권의 유효성을 확인한다.
- 필요시 승객의 세부 정보를 수집한다.
- 비자, 입국 조건, 제한 사항을 재검토한다.
- 승객의 이상 징후를 찾아내고, 특정한 정서적 특징이나 신체적 활동을 관찰하여 보안 위험을 평가한다.
- 체크인, 라운지, 탑승게이트에서 다루기 힘든 승객의 행동을 보고하고, 해당 승객의 수하물을 대기 상태로 둔다.
- 필요시 보안 관련 질문을 한다.
- 수하물 태그를 출력하여 부착하고, 승객에게 수하물표를 건넨다.
- 탑승권을 출력하여 승객에게 제공한다.
- 수하물 태그가 잘 부착되었는지 확인한다.
- 승객에게 수하물을 잠그고 확인할 것을 권고한다.

2) 보안 관련 질문

보안 관련 질문은 승객에게 다음과 같은 질문을 하여 "예" 또는 "아니오"로 대답하게 한다.

- 이 수하물이 본인 소유이며, 직접 내용물을 집어넣었습니까?
  Is this your bag and did you pack it yourself?

- 본인이 넣지 않은 물건이 없다는 것이 확실합니까?
  Are you certain that there is no item in it which you did not pack?

- 본인이 소지하고 있는 물건 중에 다른 사람으로부터 운반하도록 부탁받은 물건이 없는 것이 확실합니까?
  Are you certain that there is nothing in your possession that you have been to ask to carry for another person?

- 이 짐을 꾸리는 순간부터 지금까지 본인의 관리하였습니까?
  Was it under your supervision from the time of packing until now?

질문 중 하나라도 "아니오"라는 답변이 있으면 가방을 반드시 조사한다. 추가 질문을 통해 문제의 성격을 확실히 하고, 필요시 보안팀에 알린다.

ICAO는 액체, 스프레이류, 젤류에 관한 규정을 제정하였다. 지상직원은 승객의 휴대용 가방에 액체 물품이 있는지 질문하고, 규제사항 위반 여부를 확인한다. "입국 허가 금지"와 "추방" 승객의 핸들링도 지상직원이 수행하며, IATA AHM 051과 120에 따른 절차를 준수해야 한다.

3) 무기와 탄약

무기와 탄약은 체크인 과정에서 주의해서 다루어야 한다. 무기를 소지한 승객은 항공요원과 무기 운송을 신고한 일반 승객으로 나뉜다.

IATA AHM 050 1.5.1에 따르면,

- 소형 화기는 기내 소지가 허가된 사람 외에는 허가되지 않는다.
- 승객은 총기를 포함한 제한 물품 운반 규정을 확인해야 한다.

(1) 항공요원

무장한 항공요원을 확인하는 절차는 다음과 같다.

지상직원은 승객(항공요원)을 조사한 후 기장과 로드컨트롤 직원에게 승인된 무기 소지 승객의 탑승 사실을 보고한다.

지정된 좌석번호를 제공하고 필요한 사항을 기재하여 승객목록을 완성한다.

(2) 무기 운송을 신고한 승객

무기류를 수하물로 운반하는 승객은 "무기 및 탄약 위탁 수하물 운송 신고서"를 작성해야 한다. 신고 절차에 따라 보안요원에게 무기를 전달하고, 보안요원은 탑승할 때까지 이를 보관한다. 로드컨트롤 직원은 무기가 탑재된 수하물 칸을 DCS 시스템에 명령어를 입력하고, 기장에게 전달되는 로드시트에 반영하도록 한다.

PSCRM Resolution 745a에 따르면 다음과 같다.

- 승객이 기내에서 탄약, 소형 무기류와 기타 무기를 소지하는 것을 허가하지 않는다.
- 탄약과 소형무기, 기타 무기들은 위탁 수하물로만 운송을 허용하며, 소형무기는 탄약을 제거하고 적절히 포장하여 운송한다.

④ 승객-수하물 일치 절차

Pan Am 103편 사건 이후 승객과 수하물의 일치를 보장하는 규제가 만들어졌다.

지상직원은 이러한 규제를 수행해야 한다. ICAO Annex 17, Standard 4.3.1에 따르면, 모든 체약국에서는 항공기에 탑승

Pan Am 103편 사건

하지 않은 승객의 수하물을 운송하지 않도록 한다(승객 동반이 필요 없는 수하물로 구분하여 적절한 검색을 거쳤을 경우는 제외).

1) 승객 탑승 절차

지상직원은 수하물 일치 과정의 모든 부분을 이해해야 한다. 수하물 일치 과정은 체크인 시 수하물에 부착된 바코드를 통해 소유주와 매치시키는 것이다. 따라서 지상직원은 여러 승객의 수하물을 하나로 묶지 않으며, 동일 여정을 가진 그룹 여행객이나 같은 성을 가진 가족의 경우에만 예외를 둔다.

많은 공항은 수하물 바코드를 자동으로 스캔하여 DCS와 연계해 승객의 탑승 여부를 확인할 수 있는 시스템을 사용한다. 승객이 탑승구에 도착하면 수하물 취급자는 수하물을 탑재하도록 한다. 탑승구에 도착하지 않으면 수하물은 대기 상태로 둔다. 자동 시스템이 없는 공항에서는 "빙고 카드" 시스템을 사용해 수하물의 위치를 추적한다. 각 수하물 컨테이너에 네모 칸으로 분리된 카드를 배정하고, 수하물 취급자가 바코드 태그에서 떼어낸 부분을 사각형 안에 붙인다.

탑승수속 과정이 완료된 후 지상직원은 다음과 같은 탑승 과정을 수행한다.

- 램프 직원이 동의하면 승객의 탑승을 시작한다. 탑승권을 수집하고, 서류를 점검하며 신원을 확인한다.
- 승객을 항공기에 탑승시킨다.
- 탑승 완료 후 DCS를 확인하여 모든 체크인된 승객이 탑승했는지 확인한다. 수동탑승시스템으로 탑승 과정을 진행하는 경우에는 수거한 탑승권의 수를 세어 체크인한 승객의 총수와 일치하는지 확인한다.
- 체크인한 모든 승객의 탑승이 일치하면, 램프 담당자에게 탑승한 총 승객 수를 보고하고 항공기 문을 닫는다.

2) 노-쇼 승객 대응 방안

체크인한 승객과 탑승한 승객 수가 일치하지 않으면 지상직원은 DCS 목록에서 탑승하지 않은 승객의 이름을 찾아 위탁한 수하물이 있는지 확인한다. 탑승하지 않은 승객의 신원을 확인한 후 터미널에서 안내방송을 통해 승객에게 게이트로 오라는 내용을 전달한다.

노-쇼 승객의 수하물이 없는 경우, 지상직원은 램프 직원에게 항공기를 클로즈할 것을 알린다. 노-쇼 승객의 위탁 수하물이 있으면, 지상직원은 램프 직원에게 기장의 승인 아래 수하물을 찾아 항공기에서 내린다. 승객과 수하물의 수가 DCS에 기재된 세부사항과 일치하는 것이 중요하다.

수하물 담당자는 수하물의 수를 세고 로드컨트롤 직원에게 알린다. 탑재 직원은 항공기에 실린 수하물의 수를 다시 세고, 그 수를 램프 담당자에게 알린다. 램프 담당자는 항공기 탑재 서류와 비교하여 확인한다.

수하물량이 적을 경우, 램프 직원은 기장에게 알리고 탑재 서류에 필요한 변동 사항을 기재한다. 예정보다 많은 수하물이 있을 때는 램프 직원이 기장에게 알리고, 다른 목적지로 가는 수하물이 탑재되었는지 확인할 것을 요청한다. 수하물 탑재 일치가 확인되지 않는 경우, 램프 담당자는 기장에게 보고하고 수하물을 내려 승객이 직접 확인하도록 한다.

⑤ 폭발물 위협과 대응

민간항공은 오랜 기간 테러리즘 및 혼란을 일으키기 위한 허위 협박이나 장난의 대상이 되어왔다. 지상직원이 폭발물 위협 메시지를 받을 가능성이 있으므로, 이에 대한 특별 절차를 숙지해야 한다.

ICAO Annex 17, Section 5.1.4에 따르면, 각 협약국은 위법적인 방해 행동에 대비하여 비상계획을 세우고 실행하며, 이를 정기적으로 테스트한다.

1) 폭파 위협

폭발물 위협 메시지는 심각하게 검토한
다. 가장 흔한 형태는 전화 협박이지만, 트
위터 같은 소셜 미디어도 사용된다. 폭발물
협박은 공포를 조장하고 부정적인 선전을
하며, 실제 폭발 시에는 인명과 재산 피해
를 초래할 수 있다.

공항 테러로 인한 폭파

2) 폭발물 위협 전화 유형

폭발물 위협 전화를 하는 사람은 다음 세 가지 유형으로 분류된다.

- 장난 전화
- 경고를 하려는 폭파범
- 자신을 알리고 피해자 수를 늘리려는 폭발 주도자

경고 전화는 폭탄이 없지만 혼란을 일으키려는 경우가 가장 흔하다. 그 외에 다
른 사람이 설치한 폭탄이 있다고 믿는 경우, 정신적으로 문제가 있는 경우, 특정인
을 죽이려는 의도가 있는 경우 등이 있다.
일반적 유형의 전화 협박범은 다음과 같다.

- 개인적인 원한을 풀려는 사람
- 돈을 목적으로 협박하는 사람
- 장난 전화하는 사람
- 정신적으로 문제가 있는 사람
- 테러리스트

3) 폭발물 협박 전화에 대한 대응 방안

모든 조직은 지상직원을 대상으로 폭발물 협박 처리 훈련을 실시한다. 녹음 설비가 없을 경우, 폭탄 위협 카드Bomb Threat Card를 전화기 주위에 배치하여 지침을 제공한다. 전화를 받는 사람은 정보를 받아 적지 않은 상태에서 전화를 끊지 않아야 한다.

폭탄 위협 카드에는 다음과 같은 질문을 포함한다.

- 폭탄이 어디에 설치되어 있습니까?　　 *WHERE is the bomb?*
- 언제 폭탄이 터지게 됩니까?　　　　　 *WHEN will it go off?*
- 폭탄이 어떻게 생겼습니까?　　　　　 *WHAT does it look like?*
- 전화 거는 사람은 누구입니까?　　　　 *WHO are you?*
- 왜 이 일을 합니까?　　　　　　　　 *WHY are you doing this?*

질문은 개방형으로 하여 발신자와의 통화를 지속시키는 것이 중요하다. 예를 들어, "폭탄이 체크인 카운터 열 20에 있습니까?"처럼 질문한다. 발신자가 전화를 끊자마자 폭탄 위협 카드를 작성하고, 전화가 온 정확한 시간과 발신자에 대한 정보를 기록한다. 전화기를 끊지 않고 두어 추적 가능성을 높인다.

지상직원은 관리자에게 즉시 보고하고, 폭발물 위협 카드에 적힌 모든 정보를 제공한다. 관리자는 조직의 SOPStandard Operating Procedure에 따라 이 과정을 넘겨받는다. 모든 조직은 지상직원이 교육을 받아야 하는 폭발물 위협 처리에 대한 SOP를 마련하고, 이를 통해 지상직원이 상황 발생 시 적절히 대응하도록 한다.

01 민간항공이 테러리스트의 공격 대상이 되는 이유는 무엇인가?

A. 민간항공은 높은 비용이 든다.
B. 많은 사람이 이용하여 사고 시 정부의 반응을 쉽게 끌어낼 수 있다.
C. 테러리스트에게 높은 위험을 제공한다.
D. 항공기는 공격을 위한 이동 수단이 아니다.

02 ICAO의 항공 보안 기준은 어떤 문서에 명시되어 있는가?

A. ICAO 부속서 1
B. ICAO 부속서 10
C. ICAO 부속서 17
D. ICAO 부속서 20

03 무기와 탄약의 운송과 관련된 절차로 올바르지 않은 것은?

A. 소형 화기는 기내 소지가 허가된 사람 외에는 허가되지 않는다.
B. 무장한 항공요원은 지상직원이 확인한 후 기장과 로드컨트롤 직원에게 보고한다.
C. 탄약과 소형무기는 위탁 수하물로만 운송이 허용된다.
D. 무기 운송을 신고한 승객은 무기를 수하물로 직접 기내에 가져갈 수 있다.

04 수하물 일치 절차에서 지상직원이 탑승수속 과정 후 수행해야 하는 작업으로 올바르지 않은 것은?

A. 램프 직원이 동의하면 승객의 탑승을 시작한다.
B. 탑승권을 수집하고 서류를 점검하며 신원을 확인한다.
C. 승객을 항공기에 탑승시킨다.
D. 모든 체크인된 승객이 탑승했는지 확인하지 않는다.

05 폭발물 협박 전화를 받았을 때 지상직원이 즉시 해야 할 행동이 아닌 것은?

A. 전화를 끊지 않고 정보를 받아 적는다.
B. 관리자에게 즉시 보고한다.
C. 전화를 끊고, 폭발물 위협 카드를 작성한다.
D. 폭탄이 어디에 있는지 질문한다.

정답과 해설

번호	정답	해설
01	B	민간항공은 많은 사람이 이용하며 사고 발생 시 정부의 반응을 쉽게 끌어낼 수 있는 특성 때문에 테러리스트의 매력적인 공격 대상이 된다.
02	C	ICAO의 항공 보안 기준은 ICAO 부속서 17에 명시되어 있으며, 이 부속서는 항공 보안 원칙과 표준 및 권유지침(SARPs)을 포함한다.
03	D	무기 운송을 신고한 승객은 무기를 수하물로 직접 기내에 가져갈 수 없으며, 신고 절차에 따라 보안요원에게 무기를 전달하고, 보안요원이 탑승할 때까지 이를 보관한다.
04	D	지상직원은 체크인된 모든 승객이 탑승했는지 확인하는 것이 필수적인 절차이다. 이를 통해 승객과 수하물이 일치하는지 확인하고, 보안을 보장한다.
05	C	폭발물 협박 전화를 받았을 때 지상직원은 전화를 끊지 않고 정보를 받아 적으며, 관리자에게 즉시 보고해야 한다. 전화를 끊지 않고 정보를 받아 적는 것이 중요하다.

제10장

승객 편의 제공

APP

1) APP의 개념

여러 국가는 승객이 국경을 통과하기 전에 미리 정보를 입수하여 보안을 강화하고 승객 처리를 용이하게 하고자 한다. 이러한 정보는 API^{Advance Passenger Information}로, 처음 미국 CBP^{Customs and Border Protection}에서 구현한 APIS^{Advance Passenger Information System}에서 사용되었다.

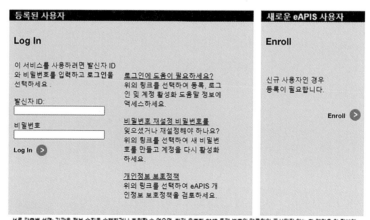

미국 E-APIS 초기화면(https://eapis.cbp.dhs.gov/eapis/auth)

미국은 APIS를 사용하며, 오스트레일리아는 APP^{Advance Passenger Processing}라는 시스템을 구현하였다. APP는 항공사 지상직원이 국제선 승객을 처리할 때 정부 요건을 준수하도록 돕는다.

주요 기능은 다음과 같다.

- 지상직원이 제공하는 항공편과 승객 데이터를 수신하여 탑승 여부를 결정한다.
- 승객 상황에 대해 지상직원에게 즉시 답변을 제공한다.
- 승객 탑승이 허가되면 예상 이동 데이터를 즉시 만든다.
- 탑승 수속을 마친 승객이 여행할 수 없을 경우 이동을 취소한다.

API는 항공사가 모든 환승 승객을 포함한 승객과 승무원에 대한 정보를 출입국 기관에 제공하도록 요구한다. 이 정보는 APP를 통해 체크인 시 제공되며, 국경 심사기관에서 확인할 수 있다.

(1) 승객 정보 열람

APP에서는 여권번호, 국적, 이름으로 승객을 식별한다. 각 항공사는 DCS^{Departure Control System}를 통해 허브에 연결되고, 각 정부는 APP에 연결된 국경 통제 시스템을 가지고 있다. 여기에는 비자, 여권, 주의 사항 등의 정보가 포함된다.

항공사는 특정 승객을 위해 APP를 수행하고, 정부로부터 탑승 지시를 받는다. 탑승 지시를 받은 승객이 비행하지 않으면 항공사가 APP 전송을 취소한다.

(2) 승객 처리

APP 정보 획득 방식은 항공사마다 다르다. 일부는 여권 스캔으로 정보를 얻고, 일부는 지상직원이 자료를 입력한다. 필요한 최소 정보는 여권번호, 국적 코드, 성(처음 4글자 또는 전체 성)이다.

(3) 가족 여권 및 특별 여행 서류

가족 여권은 주 소지인과 아이를 포함하며, 아이 없이 여행하더라도 모든 세부 정보를 입력하여 APP를 처리한다. 특별 여행 서류를 사용하는 승객도 전체 기록을 사용하여 APP 확인을 한다.

(4) 승객 분류

APP 시스템은 다양한 분류의 승객을 다룬다.

- 승인 받은 여권 소유자
- 특별 관계 국가의 여권 소유자
- 무비자 승객
- 비자 소지 승객
- 특별 여행 서류 소지자

(5) 직원

APP 시스템은 승무원 절차도 처리하며, 운영직원과 배치예정 직원으로 분류한다. 정부 안전감사원은 운영직원으로 분류한다.

2) APP에 기입하는 승객 자료

체크인 시 APP 시스템은 승객 자료를 관련 국가에 전달한다. 효율적인 체크인을 위해서는 여권과 비자 정보를 미리 등록해야 한다.

(1) 경유 승객

APP를 사용하는 국가는 경유 승객도 처리하도록 요구한다. 경유 승객은 APP 공항에 도착하여 출입국심사 과정을 거치지 않으면 경유 승객으로 분류된다.

(2) 비자 또는 무비자 승객의 경유 처리

비자 소지 환승객은 최소한의 정보로 APP를 처리하고, TWOV^Transit without Visa 승객은 전체 인적 사항을 입력하여 처리한다.

(3) APP 응답

비자 소지 승객이나 TWOV 국적의 여권 소지 승객은 "탑승 OK"로 나타난다. 여권 이외의 서류를 사용한 TWOV 승객은 "탑승하지 마시오"가 나타날 수 있다. 비자가 없는 승객은 "탑승하지 마시오"가 나타나 비자를 취득해야 한다.

2 CUSS, CUTE와 CUPPS

항공산업에 셀프서비스 시스템 도입의 목적은 다음과 같다. 셀프서비스 시스템의 도입은 운영비용을 절감하고 승객의 편의를 강화하기 위함이다. 비행의 보편화로 항공사의 가격, 일정, 서비스를 승객이 비교할 수 있어 항공사는 최상의 제품을 제공해 승객의 선택을 쉽게 만들고자 한다. 혼잡한 공항에서 승객이 익숙한 체크인 시스템을 이용해 여정을 빠르고 쉽게 통과하도록 하는 시설과 서비스를 제공하고 있다.

셀프서비스 시스템의 주요 촉진 요소는 사용의 단순화, 시간 절약, 일관성 있는 처리 과정이다. 이 시스템은 풀 서비스 항공사의 재정 부담 증가, 저비용 항공사의 성장, 온라인 체크인 이용 증가 등의 항공산업 변화에 대응하는 방안이다. IATA는 전 세계 75% 이상의 승객이 더 많은 셀프서비스를 원한다고 보고한다.

IATA의 FAST Travel Program

IATA는 비즈니스 간소화의 일환으로 FAST Travel Program을 도입하여 항공업계에 연간 최대 21억 달러의 비용 절감을 목표로 한다. 이 프로그램은 승객의 공항 이용의 6개 영역에서 셀프 서비스 옵션을 제공한다. IATA는 통일된 표준과 권고안을 통해 이 프로젝트의 산업 채택을 촉진하고 더 나은 여행 경험을 제공한다. 향후 셀프서비스를 위해 공항 안팎에서 공유하는 IT 인프라 체계가 지속적으로 필요하며, CUSS와 같은 공유 장치는 더 많은 기능을 제공할 것으로 기대된다.

CUSS(Common Use Self Service)

CUSS는 공항에서 여러 항공사가 공동으로 사용하는 셀프 체크인 키오스크 시스템이다. 이를 통해 승객은 특정 항공사에 국한되지 않고 여러 항공사의 체크인 절차를 동일한 키오스크에서 수행할 수 있다. CUSS의 주요 장점은 공간 절약, 효율성 증가, 승객 편의성 향상이다.

CUTE(Common Use Terminal Equipment)

CUTE 시스템은 공항 터미널에서 여러 항공사가 공동으로 사용하는 장비를 의미한다. 이 시스템은 항공사들이 개별적으로 장비를 설치할 필요 없이 공용 장비를 사용함으로써 비용을 절감하고 운영 효율성을 높인다. CUTE의 주요 장점은 공간 효율성, 비용 절감, 장비 유지 보수의 일관성이다.

CUPPS(Common Use Passenger Processing System)

CUPPS는 공항에서 사용되는 통합된 승객 처리 시스템이다. 이는 공항과 항공사가 공동으로 사용하는 통합 플랫폼으로, 체크인, 탑승, 수하물 처리 등의 절차를 통합하여 관리한다. CUPPS의 주요 장점은 일관성 있는 승객 처리, 운영 효율성, 비용 절감이다.

1) CUSS

CUSS와 공항

PSCRM Resolution 1706c에 따르면 CUSS는 여러 항공사의 승객이 하나의 기계를 통해 체크인할 수 있는 시스템이다. 현재는 자동 항공권 및 탑승권 프린터가 장착된 키오스크를 공용 장비로 사용하고 있다.

CUSS의 기능 및 유효성

CUSS 키오스크는 일정 표시, 요금 견적, 예약 확인, 항공권 구입, 탑승권 발급, 수하물 태그 발급 등의 기능을 제공한다. 빠르고 편리하게 체크인을 처리하며, 공간 필요성 감소, 생산성 향상, 서류 감소 등 비용 절감 효과가 있다. DCS, 예약, 티켓팅, 신용 인증 등과 인터페이스하여 많은 이점을 제공한다.

CUSS의 종류

독립형 데스크, 정보 키오스크, 티켓팅 키오스크, 소매 키오스크 등이 있으며, 일부 항공사는 혼잡을 피하고 긴 줄을 없애기 위해 CUSS 키오스크를 활용한다.

지상직원의 역할

지상직원은 CUSS 사용 과정 전반을 지원하며, 승객이 능숙하게 사용할 수 있도록 도움을 준다. 여러 항공사는 항공권 확인서와 여정 영수증으로 온라인 설비 이용을 가능하게 하고, 광고용 메일에 안내서를 함께 보낸다.

기타

미국의 일부 공항에서는 외국 여권 소지자가 CUSS를 사용하여 셀프 체크인하지만, 탑승권은 지상직원에게서 받는다. 두바이의 터미널 3에서는 에미레이트 항공의 CUSS를 통해 탑승권과 수하물 태그를 모두 발급받고, 승객이 직접 수하물 태그를 부착하고 드롭오프할 수 있다.

2) CUTE

CUTE Common User Terminal Equipment는 공항 시설의 공간과 자원을 절감하기 위해 항공사 간에 공유되는 시스템이다. 이 시스템은 승객의 체크인과 탑승 과정을 처리하는 항공사 에이전트가 사용하여 "Agent-facing" 시스템으로 알려져 있다. 지상직원이 CUTE 시스템에 로그인하면 터미널이 재구성되고, 해당 항공사의 호스트 시스템에 연결된다.

1984년에 IATA의 요청으로 SITA는 로스앤젤레스 올림픽을 맞춰 CUTE 시스템을 처음 도입하였다. 당시 LAX 국제터미널은 입주 항공사 공간이 모두 점유되어 있었지만, 많은 항공사가 하루에 2대에서 4대의 항공기만 운항하고 있어 다수의 게이트가 사용되지 않고 있었다. 장비 공유를 위해 입주 항공사가 게이트를 사용하지 않을 때 다른 항공사가 사용하도록 하는 새로운 시스템 개발이 필요했고, 이에 따라 CUTE 시스템이 등장하였다.

1984년 이후로 SITA는 모든 올림픽 개최 도시 공항에 CUTE 시스템을 공급해왔다. 현재까지 전 세계 약 400개 공항에 CUTE를 설치하여 여객 터미널의 운용 효율성을 향상시키고 있다. CUTE 시스템은 공항의 공간 활용과 자원 절약을 가능하게 하며, 항공사 간의 장비 공유를 통해 운영 효율성을 높이고 있다.

3) CUPPS

CUPPSCommon Use Passenger Processing Systems는 여러 항공사의 프로세스를 지원하는 시스템으로, 공항이나 공용 환경에서 사용된다. IATA PSCRM(35판) RP 1797에 기술된 규격과 표준을 따르며 운영된다. 공항 직원이나 서비스 공급업자가 체크인과 탑승을 위해 승객과 상호작용하는 시스템이다.

CUPPS의 주요 이점은 다음과 같다.

- 고가의 장비를 효율적으로 사용하여 설비 확장 필요성을 줄인다.
- 항공편 추가와 취소 시 공간 사용에 대한 부담이 없다.
- 모든 CUPPS를 하나의 앱으로 관리할 수 있다.
- 다양한 주변 장치를 사용하여 비즈니스 업무가 가능하다.
- 승객 서비스를 개선한다.
- 공항과 항공사 시스템 간의 데이터 흐름을 원활하게 한다.
- 시스템 업그레이드와 새로운 소프트웨어, 하드웨어 사용이 쉽다.
- 비용 규모를 예측할 수 있어 새로운 시장 접근 용이성이 높아진다.

CUPPS 플랫폼은 다음과 같은 애플리케이션을 지원할 수 있다.

- 수하물 측정 저울
- 바코드 판독기
- 생체인식 장치
- 카드 R/E, 스마트 카드, 마그네틱 카드 판독기

- 디스플레이 장치
- 진입 장치
- 광학 문자 인식 기기
- 여권 판독기
- 프린터기
- RFID 장비
- 고정 카메라
- 기타 장치

CUPPS는 공항과 항공사 간의 통합된 서비스를 제공하여 운영 효율성을 높이고, 승객에게 일관된 경험을 제공한다.

③ 빠른 여행 프로그램

9/11 테러 이후 공항에서 승객 편의를 높이는 필요성이 커졌다. ICAO, IATA, ACI 등의 국제기구는 "비즈니스 간소화Simplifying the Business, StB"를 비롯한 다양한 계획을 도입했다. 이 전략의 목표는 공항에서의 절차를 원활하고 효율적으로 진행하기 위한 빠른 여행 프로그램Fast Travel Program을 만드는 것이다. 이 프로그램은 다양한 셀프서비스 옵션을 통해 승객 경험을 향상시키고 항공사 비용을 절감하는 데 기여한다.

IATA Fast Travel

1) 셀프서비스 적용의 도전 과제들

승객

- 유효성 : 승객이 전 세계 어디서나 셀프서비스를 사용할 수 있어야 한다.
- 일관성 : 다양한 셀프서비스가 승객에게 혼란을 줄 수 있으므로 일관된 사용 방법이 필요하다.

항공사

- 비용 및 복잡성 : 셀프서비스의 확산으로 인해 전체 산업에 일관성을 제공하고 비용을 낮추기 위한 표준이 필요하다.

공항

- 비즈니스 사례 : 공항은 기술과 프로세스 측면에서 최대한의 가치를 올리는 동시에 항공사 비용을 줄이고 승객 요구 조건을 수용해야 한다.

셀프서비스는 체크인, 위탁 수하물, 서류 스캔, 항공편 재예약, 셀프 보딩, 분실 수하물 처리 등 다양한 부분에서 도입될 수 있다.

2) 셀프서비스 과정

셀프서비스 과정에 관한 옵션들은 승객 경험을 개선하고, 항공사와 공항의 운영 효율성을 높이며 비용을 절감하는 데 기여한다. 관련 과정들은 다음과 같다.

승객 체크인 과정

- 승객이 여행 의사를 확인한다.
- 항공사가 탑승권의 유효성을 검증한다.
- 좌석을 배정한다.
- 탑승권을 발급한다.
- 특별 요구 사항을 처리한다.

위탁 수하물 처리

- 전통적인 데스크나 카운터에서 체크인 후 수하물을 태그하고 무게를 잰다.
- 초과 수하물을 처리하고 보안 관련 질문을 한다.
- 수하물 태그를 발급한다.
- 수하물을 자동화된 시스템으로 보낸다.

서류 스캔

- 승객의 여권, 국적, 여권 종류, 출발 및 도착 국가, 비자 필요 여부 등을 확인한다.
- 서류를 스캔하거나 데이터를 DCS에 입력한다.
- 항공사가 승객의 서류가 유효한지 확인한다.

항공편 재예약

- 이상 상황 발생 시 승객에게 알리고 재예약을 돕는다.
- 지상직원이 탑승권 재발행, 항공권 확인, 호텔 쿠폰 발급 등을 처리한다.

셀프보딩

- 승객이 탑승구에서 탑승 서류를 스캔한다.
- 여행 서류를 확인하고, 보안요원이 스탬프를 찍을 수 있다.
- 승객이 항공기에 탑승한다.

분실 수하물 처리

- 승객이 수하물 전달 지점에서 수하물이 도착하지 않음을 발견한다.
- 지상직원에게 수하물 태그와 탑승권을 항공사 직원에게 제출한다.
- 수하물 분실 서류 양식을 작성하고, 승객에게 사본을 제공한다.
- 특정 승객은 필수 품목(세면도구 및 일회용품)을 제공받거나 수하물 지연배상금을 1회에 한하여 제공받는다.

01 APP 시스템의 주요 기능은 무엇인가?

A. 승객의 여권 발급 여부를 확인한다.
B. 지상직원이 제공하는 항공편과 승객 데이터를 수신하여 탑승 여부를 결정한다.
C. 승객의 건강 상태를 모니터링한다.
D. 승객의 수하물 무게를 자동으로 측정한다.

02 CUPPS 시스템의 주요 기능은 무엇인가?

A. 승객의 여권 발급 여부를 확인한다.
B. 승객의 건강 상태를 모니터링한다.
C. 체크인, 탑승, 수하물 처리 등의 절차를 통합하여 관리한다.
D. 항공기의 연료 소비를 모니터링한다.

03 CUSS 시스템의 주요 기능은 무엇인가?

A. 항공사의 기내식 메뉴를 관리한다.
B. 승객의 건강 상태를 모니터링한다.
C. 일정 표시, 요금 견적, 예약 확인, 항공권 구입, 탑승권 발급, 수하물 태그 발급 등의 기능을 제공한다.
D. 항공기의 연료 소비를 모니터링한다.

04 4. 셀프서비스 과정에 해당하지 않는 것은 무엇인가?

A. 승객 체크인
B. 항공기 유지 보수
C. 위탁 수하물 처리
D. 항공편 재예약

정답과 해설

번호	정답	해설
01	B	APP(Advance Passenger Processing) 시스템은 지상직원이 제공하는 항공편과 승객 데이터를 수신하여 탑승 여부를 결정하는 주요 기능을 갖고 있다. 승객의 건강 상태 모니터링이나 수하물 무게 측정은 APP의 주요 기능이 아니다.
02	C	CUPPS(Common Use Passenger Processing System)는 공항에서 체크인, 탑승, 수하물 처리 등의 절차를 통합하여 관리하는 시스템으로, 일관성 있는 승객 처리와 운영 효율성을 제공하는 주요 기능을 갖고 있다.
03	C	CUSS(Common Use Self Service) 키오스크는 일정 표시, 요금 견적, 예약 확인, 항공권 구입, 탑승권 발급, 수하물 태그 발급 등 다양한 기능을 제공하여 승객이 빠르고 편리하게 체크인을 처리할 수 있도록 돕는다.
04	B	셀프서비스 과정에는 승객 체크인, 위탁 수하물 처리, 서류 스캔, 항공편 재예약, 셀프 보딩, 분실 수하물 처리 등이 포함되며, 항공기 유지 보수는 포함되지 않는다.

A

Air Traffic Service(ATS)(항공 교통 서비스) : 항공기의 안전한 운항을 실시간으로 규제하고 지원하는 서비스

Airside(에어사이드) : 항공기의 도착 및 출발을 위해 지정된 공항의 제한 구역

Alien Passport(외국인 여권) : 국적국의 여권을 받을 수 없는 무국적자나 외국인에게 발행되는 여행 서류

Aircraft Evacuation(항공기 대피) : 지상, 물, 또는 비행 중 비상 대피를 의미함

Auxiliary Crew Stations(보조 승무원 좌석) : 조종실이나 승객 객실에 위치한 보조 승무원 좌석

B

Baggage Carousel(수하물 회전대) : 목적지의 수하물 수령 구역에서 승객에게 수하물을 전달하는 장치

Baggage Check(수하물 체크) : 항공사가 승객에게 발행하는 수하물 영수증

Baggage Drop-Off(수하물 드롭오프) : 온라인 체크인이나 공항 키오스크를 이용한 승객이 수하물을 맡기는 카운터

Baggage Holds(수하물 적재실) : 항공기 내 수하물 및 화물을 보관하는 공간

C

Cabin Crew(객실 승무원) : 항공기 내 승객의 편안함과 안전을 책임지는 항공사 승무원

Civil Aviation(민간 항공) : 비군사적 항공 활동을 포함한 모든 비상업적 및 상업적 비행

Code Share(코드셰어) : 한 항공사의 티켓으로 다른 항공사를 이용할 수 있도록 하는 상업적 협정

Conjunction Ticket(연계 항공권) : 함께 단일 운송 계약을 구성하는 두 개의 항공권

D

DAA(항공기 수하물 전달) : 항공기에서 유모차와 휠체어를 포함한 수하물 전달

Deadload(데드로드) : 화물, 수하물, 우편물의 실제 위치와 무게

DEPA(동반 추방자) : 호송원과 동행하는 추방자

DEPU(비동반 추방자) : 호송원 없이 혼자 추방되는 사람

Domestic(국내) : 동일 국가 내에서

DPNA(DPNA 승객) : 알츠하이머 병과 같은 만성적 또는 쇠약한 상태로 인해 항공기까지의 에스코트가 필요한 승객

E

Embarkation(탑승) : 승객과 승무원의 항공기 탑승

ETD(출발 예정 시간) : 비행기의 출발 예정 시간

Exit Visa(출국 비자) : 특정 국가를 떠나기 위해 필요한 비자, 주로 정치적, 경제적, 사회적 혼란이 있는 국가에서 요구됨

F

Fare Basis(운임 기준) : 항공사의 운임 규칙을 명시, 운임 코드는 문자와 숫자로 시작

Flagship(국적 항공사) : 국가의 대표 항공사

Flight Crew(비행 승무원) : 항공기 조종에 관련된 승무원

G

Ground Handling(지상 조업) : 항공기의 서비스 및 승객, 화물, 수하물, 우편물 처리

Ground Service Provider(GSP)(지상 서비스 제공자) : 지상 조업 서비스를 제공하는 회사

Hague Rules(헤이그 규칙) : 해상 화물 운송에 관한 국제 규칙

Hazmat(위험물) : 위험물의 약어

Holding Lounge(홀딩 라운지) : 출발 승객을 위한 탑승 게이트에 연결된 대기 구역

Hub Station(허브 스테이션) : 항공사가 승객의 환승을 위해 사용하는 공항

ICAO ANNEX 17(ICAO 부속서 17) : 불법 간섭 행위로부터 국제 민간 항공을 보호하는 내용의 시카고 협약 부속서

ICAO ANNEX 18(ICAO 부속서 18) : 항공 화물 운송 안전을 다루는 시카고 협약 부속서

IGOM(IATA 지상 조업 매뉴얼) : 램프 작업을 위한 매뉴얼

Interline Agreements(인터라인 협정) : 다수의 항공사가 필요한 일정으로 여행하는 승객을 처리하기 위한 자발적 상업 협정

Interline Ticketing(인터라인 티케팅) : 여러 항공사를 이용하는 일정의 승객을 처리하기 위한 자발적 상업 협정

Itinerary(여정) : 여행의 경로 또는 제안된 경로

Just-In-Time(즉시 생산) : 필요할 때만 재화를 수령하여 재고 비용을 줄이는 재고 전략

Knot(노트) : 항공기의 속도를 나타내는 단위로, 해리당 시간(nm/h)을 의미함

Landside(랜드사이드) : 공항의 보안 검사, 세관, 여권 통제 이전의 공공 접근이 가능한 지역

Load Control(하중 관리) : 중량과 하중 비율을 측정하는 팀

Low Cost Carrier(저비용 항공사) : 대부분의 전통적인 승객 서비스를 제거하고 저렴한
　　운임을 제공하는 항공사

N

NDC Standard(NDC 표준) : IATA에서 도입한 새로운 XML 기반 데이터 전송 표준
NOTOC(기장에게 알림) : 항공기 출발 전에 기장에게 전달되는 특별 화물에 대한 세부
　　정보를 포함한 문서

O

On-Time(정시) : 항공편이 예정된 시간에 도착 및 출발하는 것을 의미
On Time Performance(OTP)(정시 운항 성과) : 항공사가 보고된 비행 일정에 맞춰 운
　　항하는 성공 수준
Overbooking(오버부킹) : 항공사가 결석자 방지를 위해 실제 좌석 수보다 더 많은 티켓
　　을 판매하는 관행

P

Passenger Ticket(승객 티켓) : 항공사가 발행하는 승객 티켓과 수하물 수령 확인서
PNR(승객 이름 기록) : 컴퓨터 예약 시스템에 있는 승객의 여행 일정 기록
Prima Facie(프리마 페이시) : 첫 번째로 보이는 사실에 따라 자명하다는 의미의 라틴어
　　표현
PSCRM(승객 서비스 회의 결의 매뉴얼) : IATA에서 발행한 승객 및 수하물 처리를 위한
　　규칙과 규정 목록
Payload(유상 하중) : 항공기가 운반하는 승객과 화물의 총 중량

R

Ramp(램프) : 항공기 주차, 화물 및 승객 처리, 연료 보급이 이루어지는 공항의 구역
Re-Entry Visa(재입국 비자) : 유효 기간 내 여러 번 다른 나라를 방문할 수 있는 비자
Recommended Practices(권장 지침) : 일관된 적용이 바람직하지만 필수는 아닌 사양

Scuba(스쿠버) : 자급식 잠수 장비를 사용하여 물속에 머무르는 행위
Seaman's Discharge Certificate(선원 수첩) : 선원의 공식 근무 기록 및 현재 고용 상
　　　태를 나타내는 서류
Shipper(선적자) : 화물 운송을 위해 포장, 라벨링, 운송을 조정하는 사람
SITA(국제 항공 전기 통신 협회) : 항공 운송 산업에 It 및 통신 서비스를 제공하는 다국
　　　적 회사
Standard Operating Procedure(SOP)(표준 운영 절차) : 과정이나 절차의 모든 관련
　　　단계를 상세히 기술한 문서
Station(스테이션) : 공항에 있는 항공사 조직

Tariffs(요금표) : 운임, 요금, 운송 조건 등을 게시한 것
Taxiway(유도로) : 항공기가 주기장이나 활주로로 이동하는 표시된 경로
Transfer Passengers(환승 승객) : 다른 항공편으로 연결하는 승객
Transit Passengers(경유 승객) : 중간에 잠시 멈추는 다중 구간 비행을 하는 승객
TWOV(비자 없이 환승) : 비자 없이 국가를 환승할 수 있는 승객

Virtual Ticket(가상 티켓) : 전자 티켓의 다른 이름

WCHC(객실용 휠체어) : 객실 내에서 사용하는 휠체어
WCHR(램프용 휠체어) : 램프 구역에서 사용하는 휠체어
WCHS(계단용 휠체어) : 계단에서 사용하는 휠체어
Wide-Bodied Aircraft(광동체 항공기) : 두 개의 승객 통로가 있는 대형 항공기

자격증 시험문제*

* 본 자격증 시험문제는 IATA 공인교육센터 KAT에서 진행하는 Passenger Ground Service 민간 자격증의 기출문제입니다. 50문제를 50분 동안 풀어 70점 이상 득점하면 자격증을 받을 수 있습니다. 자세한 내용은 www.iataedu.com 홈페이지를 참조 바랍니다.

1. 지상직원이 공항에서 수행하는 업무가 아닌 것은 무엇인가?

   A. 승객 탑승 지원   B. 수하물 서비스
   C. 항공기 정비   D. 기내 음식 서비스

2. 다음 중 지상직원과 협력하는 직원이 아닌 사람은 누구인가?

   A. 승객 탑승 지원 직원
   B. 항공기 정비 직원
   C. 공항 내 상업 시설 직원
   D. 항공기 조종사

3. 지상직원이 업무를 수행할 때 고려해야 할 요소가 아닌 것은 무엇인가?

   A. 승객과 수하물 처리 과정의 기술 변화
   B. 고객이 기대하는 공항 환경 개선
   C. 항공기 내 엔진 성능 평가
   D. 끊임없이 발생하는 테러에 대한 대항 방안

4. 항공사의 주요 운영 요구사항 중 승객과 수하물의 선별 및 검색을 포함하는 서비스는 무엇인가?

   A. 승객 핸들링 서비스
   B. 보안 서비스
   C. 램프 서비스
   D. 유지보수 및 정비 서비스

5. IATA 표준 규정 중 지상직원이 수하물 처리 과정을 이해하는 데 중요한 자료가 포함된 매뉴얼은 무엇인가?

   A. PSCRM (Passenger Services Conference Resolutions Manual)
   B. BRM (Baggage Reference Manual)
   C. ISAGO (The IATA Safety Audit for Ground Operations Standards Manual)
   D. AHM (Airport Handling Manual)

6. 예약 항공권의 예약과정에서 사용자가 먼저 해야 할 일은 무엇인가?

   A. 항공권을 구매한다.
   B. 시스템에 로그인 정보를 등록한다.
   C. 항공사에 전화한다.
   D. 신용카드 결제를 완료한다.

7. 사용자가 예약 항공권을 취소하려면 필요한 조치는 무엇인가?

   A. 예약 번호를 요청하여 취소한다.
   B. 새로운 예약을 먼저 한다.
   C. 항공사에 전화로 문의한다.
   D. 신용카드 정보를 업데이트한다.

8. CRS(Computer Reservation System)의 응답 시간이 대부분 몇 초 이내로 설정되어 있는가?

   A. 1초   B. 2초
   C. 5초   D. 10초

9. 셀프 체크인 도입의 주요 목적이 아닌 것은 무엇인가?

   A. 승객 대기 시간 감소
   B. 공항 운영 효율화
   C. 수하물 자동 태그 발급
   D. 항공기 연료 비용 절감

10. 매뉴얼 체크인 절차를 실행할 때 지상직원이 수행하지 않는 업무는 무엇인가?

    A. PNL과 탑승객 예약 대조
    B. 초과 수하물 요금 부과
    C. 항공기 연료 주입
    D. 탑승권 승객에게 전달

11. DCS(Departure Control System)의 기능이 아닌 것은 무엇인가?

    A. 중량 배분 관리
    B. 승객 체크인 및 탑승 절차 관리
    C. 기내식 제공
    D. 오류 경고 및 무게나 균형 경고

12. 수하물 리컨실레이션의 주요 목적은 무엇인가?

    A. 승객의 여권 검토
    B. 기내식 제공
    C. 승객이 탑승하지 않은 상태에서 수하물만을 싣고 이륙하는 것을 방지
    D. 항공기 연료 주입

13. TIM(TIMATIC)의 주요 기능이 아닌 것은 무엇인가?

    A. 승객의 도착지와 경유지 정보를 제공
    B. 항공권 예약 시스템과 연동
    C. 기내식 메뉴를 추천
    D. 입국 금지 승객의 처리 과정을 지원

14. 전자항공권의 장점에 해당하지 않는 것은 무엇인가?

    A. 여정 변경이 쉽다
    B. 항공권 분실이 없다
    C. 셀프서비스 체크인이 불가능하다
    D. 비용 절감이 크다

15. 매뉴얼 체크인 절차를 시작하기 전에 준비해야 할 서류가 아닌 것은 무엇인가?

    A. 승객 목록과 일련번호
    B. 매뉴얼 수하물 태그
    C. 탑승권 바코드 스캔기
    D. 항공기 도면에 붙어있는 개별 좌석 스티커

16. 체크인 카운터에서 제공해야 하는 정보자료에 해당하지 않는 것은 무엇인가?

    A. 금지된 위험물 정보
    B. 항공기 지연 및 취소 시 승객의 권리
    C. 항공기 좌석 배치도
    D. 특별 예약 승객 목록

17. 예약자 목록(PNL)에 포함되지 않는 정보는 무엇인가?

    A. 고객 이름
    B. PNR
    C. 항공기 좌석 배치도
    D. 항공권 정보

18. 체크인 절차 중 지상직원이 수행하지 않는 활동은 무엇인가?

    A. 승객의 여권과 항공권 이름을 대조
    B. 수하물의 크기와 무게 확인
    C. 전염성 질병 의심 승객 확인 및 보고
    D. 항공기 연료 주입 관리

19. 키오스크 체크인 절차 중 수행하지 않는 단계는 무엇인가?

    A. 셀프서비스 체크인 키오스크에서 탑승권과 수하물 태그 출력
    B. 수하물 드롭오프 카운터로 이동
    C. 항공기 연료 주입 관리
    D. DCS에 수하물 수와 중량 기입

20. 위탁 수하물에 관한 설명으로 옳지 않은 것은 무엇인가?

    A. 항공사가 수하물 태그를 발행하고 짐칸에 실어 운반한다.
    B. 승객의 이름이 표기되어야 한다.
    C. 코드쉐어 항공편의 경우 운영 항공사의 규칙을 따른다.
    D. 항공사가 부적절하게 패킹된 수하물의 운반을 보장한다.

21. 제한된 수하물에 대한 설명으로 옳은 것은 무엇인가?

A. 기내 반입이 항상 가능한 수하물을 의미한다.
B. 적절한 주의가 취해지면 항공기 내 소지가 가능한 물품도 포함된다.
C. 화물로 운송하는 수하물로 개인 의류와 물품으로 구성된다.
D. 공간부족, 실수, 무게 제한 등으로 승객이 관리할 수 없는 수하물을 의미한다.

22. 항공사의 수하물 책임 제한에 해당하지 않는 품목은 무엇인가?

A. 귀중품(돈, 수표, 신용카드)
B. 물품 샘플
C. 생동물
D. 여권과 신분증

23. 다음 중 위탁 수하물로 처리되지 않는 경우는 무엇인가?

A. 기내반입수하물 크기와 무게가 항공사 기준을 초과한 경우
B. 승객이 개인 서류나 약품을 기내반입수하물에서 꺼내지 않은 경우
C. 항공편의 운영 항공사 규칙에 따르지 않은 경우
D. 승객이 애완동물을 기내반입수하물로 반입한 경우

24. 다음 중 무료 수하물 허용기준에 따라 제공되는 항목이 아닌 것은 무엇인가?

A. 위탁 수하물의 총 중량
B. 수하물의 개수
C. 승객의 여권 정보
D. 기내반입수하물의 크기

25. 다음 중 항공기 내 별도의 좌석을 구매해야 하는 수하물은 무엇인가?

A. 유모차
B. 아동 보호용 의자
C. 악기
D. 휠체어

26. 다음 중 훈련된 가이드견이 기내에 허용되지 않는 경우는 무엇인가?

A. 시각장애인 안내견
B. 청각장애인 안내견
C. 뇌전증 환자 지원견
D. 개인 애완용 개

27. 무기류와 탄약류 운송 시 승객 당 최대 허용 중량은 얼마인가?

A. 2kg
B. 3kg
C. 5kg
D. 10kg

28. BHS(Baggage Handling System)의 주요 기능은 무엇인가?

A. 승객 탑승 지원
B. 기내식 제공
C. 수하물 운송 및 분류
D. 항공기 정비

29. VIP 승객에게 제공되는 혜택이 아닌 것은 무엇인가?

A. 예약 우선권
B. VIP 라운지 이용
C. 기내 면세품 할인
D. 수하물 운반 우선권

30. 임신 34주 이상 임산부가 여행하기 위해 필요한 것은 무엇인가?

A. 항공사 의료서비스 부서의 허가
B. 의사 소견서
C. 특별 지원 요청서
D. 여행 보험

31. 보호자 비동반 미성년자의 부모나 보호자가 지켜야 할 사항이 아닌 것은 무엇인가?

A. UM으로 항공권을 예약한다.
B. UM을 공항 출국장까지 데려가는 보호자와 도착지 공항에서 마중 나오는 보호자의 정보를 항공사에 제공한다.
C. UM이 도착지 공항에서 혼자 내릴 수 있도록 한다.
D. 1박 경유가 필요할 때에는 숙박 경유지에서의 UM 보호 계획을 세우고 비용을 지불한다.

32. 다음 중 거동이 불편한 승객(PRM)의 분류에 해당하지 않는 것은 무엇인가?

A. WCHR   B. WCHC
C. WCBW   D. LANG

33. 의료 확인이 필요한 승객은 항공사에 제출해야 하는 양식은 무엇인가?

A. FREMEC   B. PNR
C. MEDIF   D. OXYG

34. 승객이 기내반입수하물을 위한 여유 좌석을 요청할 때 사용하는 코드로 올바른 것은 무엇인가?

A. EXST   B. CBBG
C. STCR   D. EMD

35. 입국 금지 승객(INAD)이 리턴 항공권이 없는 경우, 항공사가 취해야 할 조치는 무엇인가?

A. 최종 목적지로의 항공권 재발급
B. 출발지로의 항공권 재발급
C. 비행 쿠폰과 승객 쿠폰에 "INAD로 인한 제한 조건 취소" 표시
D. 호송원 동반 필요 여부 확인

36. 다음 중 업무에 지장을 줄 가능성이 있는 승객의 행동 패턴이 아닌 것은 무엇인가?

A. 술 냄새가 남   B. 눈 맞춤을 피함
C. 편안하고 침착함   D. 불안하거나 화가 남

37. 도착 예정 항공편에 대한 사전 도착 업무 메시지 중, 12시간 안에 다른 항공기에 탑승해야 하는 경유 승객에 대한 정보를 제공하는 메시지는 무엇인가?

A. PSM (Passenger Service Message)
B. PTM (Passenger Transfer Manifest)
C. TPM (Teletype Passenger Manifest)
D. DCS (Departure Control System)

38. VIP, CIP 승객의 수하물 처리 순서로 올바른 것은 무엇인가?

A. 일반석 수하물 → 승무원 수하물 → VIP 수하물
B. 승무원 수하물 → VIP 수하물 → 일반석 수하물
C. VIP 수하물 → 승무원 수하물 → 일반석 수하물
D. VIP 수하물 → 일반석 수하물 → 승무원 수하물

39. 수하물이 분실되는 주요 이유가 아닌 것은 무엇인가?

A. 항공기 경유 지점에서 수하물이 다음 항공편에 실리지 못하는 경우
B. 탑재 실패
C. 수하물 태그 부착 오류
D. 승객이 항공편을 변경한 경우

40. 승객이 수하물 처리 오류를 신고할 때 작성해야 하는 서류는 무엇인가?

A. TPM   B. PSM
C. PIR   D. PTM

41. 수하물 처리 오류를 방지하기 위한 방법이 아닌 것은 무엇인가?

    A. 각 수하물에 승객의 이름과 주소를 제대로 표시한다.
    B. 이전에 부착된 모든 수하물 태그와 스티커를 제거한다.
    C. 승객의 수하물에 특별한 색깔을 칠한다.
    D. 수하물 태그에 목적지를 제대로 표시한 후 수하물에 잘 부착한다.

42. 분실된 수하물을 추적하는 시스템은 무엇인가?

    A. IATA System
    B. SITA System
    C. World Tracer
    D. Global Baggage System

43. 지연 상황에서 환승 승객을 처리하는 방법으로 적절하지 않은 것은 무엇인가?

    A. 항공기가 지연될 때 모든 가능한 선택사항을 시도해 본 후 연결할 수 없다는 결정을 내린다.
    B. 승객과 수하물은 계속해서 같은 항공기에 머물러 있어야 한다.
    C. 도착 시 정식 보고를 통해 정부 절차를 준수해야 한다.
    D. 항공기가 지연될 경우, 다른 항공사에 환승 승객과 수하물 수를 미리 알리지 않는다.

44. 비정상 운항에 대한 규제 기준 중 올바르지 않은 것은 무엇인가?

    A. 바르샤바 협정: 항공사의 책임에 대해 규정한 최초의 문서이며, 1955년 헤이그 조약에서 수정되었다.
    B. 항공사 운송약관: IATA PSCRM을 기반으로 항공기 이상 상황 시의 운영 규정을 포함한다.
    C. 유럽연합 규정 261/2004: 지연, 취소, 오버세일, 다운그레이드 등의 이상 상황 시 승객의 권리를 명시하며, 항공사는 원인에 따라 지원, 환불, 보상 비용을 부담해야 한다.
    D. 미국 DOT Part 250 : 초과판매와 탑승 거부에 대한 보상을 다루며, 유럽에서 출국하는 모든 승객에게 적용된다.

45. 비정상 운항 상황 발생 시 승객의 권리에 대한 설명으로 옳지 않은 것은 무엇인가?

    A. 탑승 수속 거부 시 경제적 보상, 환불, 숙박, 추가지원이 모두 가능하다.
    B. 상업적 이유로 인한 취소 시 경제적 보상, 환불, 숙박, 추가지원이 모두 가능하다.
    C. 불가항력적 이유로 인한 취소 시 경제적 보상은 가능하지만 환불은 불가능하다.
    D. 3시간 이상 지연 시 경제적 보상이 가능하다.

46. 다음 중 FIM(Flight Interruption Manifest)의 주요 항목에 포함되지 않는 것은 무엇인가?

    A. 경로를 변경한 시점
    B. 승객의 여권 번호
    C. 승객의 이름
    D. 초과 수하물

47. IATA의 PSCRM에서 권유지침으로 수록되지 않은 항목은?

    A. 승객과 수하물 체크인 절차
    B. 수하물 태그와 티켓팅
    C. 승무원 복장 규정
    D. 인터라인 협의 사항

48. 항공권의 유효성에 관한 설명 중 옳은 것은?

    A. 모든 비행쿠폰은 예약 날짜와 관계없이 사용될 수 있다.
    B. 발급 항공권에 비행날짜가 없는 경우, 예약 없이도 좌석을 제공받을 수 있다.
    C. 항공사가 좌석을 제공할 수 없거나 항공편 지연이 발생하면, 항공권 유효날짜를 연장한다.
    D. 전자항공권은 순서와 상관없이 사용할 수 있다.

49. 스톱오버의 정의는 무엇인가?

    A. 도착지로 가는 도중 허브 공항에서 24시간 이상 체류하는 경우
    B. 도착지로 가는 도중 공항에서 12시간 이상 체류하는 경우
    C. 도착지로 가는 도중 공항 밖 도시에서 12시간 이상 체류하는 경우
    D. 도착지로 가는 도중 공항 밖 도시에서 24시간 이상 체류하는 경우

50. 승객이 위탁수하물로 운송할 수 있는 항목은 무엇인가?

    A. 칼과 날카로운 물체
    B. 귀중품
    C. 생동물
    D. 기내반입수하물

51. 항공사가 승객의 운송을 거부할 수 있는 이유는 무엇인가?

    A. 승객이 지각한 경우
    B. 승객이 지불하지 않은 세금이 있는 경우
    C. 승객의 행동이 안전을 위협하는 경우
    D. 승객의 항공권이 만료된 경우

52. 항공사의 손해 책임 한도에 대한 설명으로 옳은 것은?

    A. 간접적 손해도 책임진다
    B. 손해가 발생한 경우 전액을 배상한다
    C. 몬트리올 협약에 따른다
    D. 기내반입수하물 손상도 책임진다

53. 승객이 항공기 탑승 전에 준비해야 하는 서류는 무엇인가?

    A. 국내선 항공편의 경우 여권
    B. 국제선 항공편의 경우 신분증
    C. 국제선 항공편의 경우 여권과 비자
    D. 국내선 항공편의 경우 여권과 비자

54. 지상직원의 게이트 업무 중 하나는 무엇인가?

    A. 승객의 탑승권을 인쇄하는 것
    B. 승객의 좌석을 배정하는 것
    C. 특별 도움이 필요한 승객 위치 확인
    D. 기내식 준비

55. 안내방송의 주요 목적은 무엇인가?

    A. 승객의 여권 확인
    B. 승객에게 기내식을 제공
    C. 승객에게 항공편 정보와 이상 상황을 알리는 것
    D. 승객의 수하물을 운반하는 것

56. 탑승관리시스템의 주요 기능에 해당하지 않는 것은 무엇인가?

    A. 탑승권 정보를 읽어내어 데이터베이스를 업데이트
    B. 승객의 휴대수하물을 자동으로 검색
    C. 탑승 완료 후 데이터를 체크인 시스템으로 전송
    D. 바코드 스캐너로 탑승 번호를 읽지 못할 때 수동 입력

57. 승객-수하물 일치 과정에서 지상직원의 책임이 아닌 것은 무엇인가?

   A. TOB(Total Count on Board)와 탑승 승객 수의 일치 확인
   B. 수하물 개수 및 무게 확인
   C. 승객의 개인 신상 정보 기록
   D. 자동화된 공항에서는 게이트 스캐너로 탑승권 처리

58. 로드컨트롤에 전송해야 할 정보로 적절하지 않은 것은?

   A. 승객의 성별
   B. 승객의 분류
   C. 항공편의 정비 상태
   D. 수하물 목록

59. 비행 후 메시지에 대한 설명으로 적절하지 않은 것은?

   A. TPM은 항공편 이륙 직후 발송되는 승객명단이다.
   B. PSM은 경로가 변경된 경우 최초의 PSM을 받은 공항에서 변경된 공항으로 보내야 한다.
   C. SOM은 항공기의 좌석 점유 상태를 다음 공항에 알린다.
   D. FTL은 승무원 명단을 포함한 메시지이다.

60. 국제 위험물 규정에 대한 설명으로 적절하지 않은 것은?

   A. IATA DGR은 ICAO의 규정에 추가 규정을 더해 매년 개정된 매뉴얼을 출간한다.
   B. 화주는 위험물의 분류, 포장, 라벨링, 서류 작성에 책임이 없다.
   C. ICAO는 항공 위험물 안전운송을 위한 기술지침서를 개발했다.
   D. 운영자는 위험물 운송 시 허가, 저장, 검사 등의 요구사항을 준수해야 한다.

61. IATA 위험물 규정에 따라 승객이 항공기에 반입할 수 없는 물품을 사전에 알리는 방법으로 적절하지 않은 것은?

   A. 항공권 구매 시점에 알림
   B. 공항의 여러 장소에 경고판 설치
   C. 항공사 웹사이트에 정보 제공
   D. 항공기 탑승 후 안내

62. 다음 중 항공기 운송이 금지된 위험물에 해당하는 것은 무엇인가?

   A. 드라이아이스
   B. 폭발 가능성이 있는 물질
   C. 전자장비
   D. 자석

63. 다음 중 여객기에서 유일하게 허용되는 폭발물은 무엇인가?

   A. 1.1S   B. 1.2S
   C. 1.3S   D. 1.4S

64. 포장 그룹 II에 속하는 위험물은 어떤 위험 정도를 가지는가?

   A. 큰 위험   B. 중간 위험
   C. 적은 위험   D. 극히 적은 위험

65. 지상직원이 위험물 사고 발생 시 가장 먼저 해야 할 일은 무엇인가?

   A. 사고 현장을 청소한다
   B. 상위 관리자에게 보고한다
   C. 오염된 옷을 제거한다
   D. 음식을 섭취한다

66. 지상직원이 위험물 유출 사고 발생 시 가장 먼저 해야 할 일은 무엇인가?

   A. 오염된 의류와 신발을 제거한다
   B. 유출된 물질을 흙, 모래로 흡수시킨다
   C. 유출된 물질을 즉시 분리한다
   D. 응급 의료서비스를 부른다

67. 고객이 서비스에서 가장 기대하는 것은 무엇인 가?

 A. 낮은 가격
 B. 친절, 권한, 이해, 공평함, 정보
 C. 빠른 인터넷 속도
 D. 긴 대기 시간

68. 항공산업에서 지상직원이 고객과 효율적으로 커뮤니케이션을 수행하기 위해 주로 사용하는 언어적 도구는 무엇입니까?

 A. 전문용어
 B. 부정적인 언어
 C. 간결한 메시지
 D. 긍정적인 단어

69. 고객이 자신이 무엇을 원하는지 항상 말로 표현하지 않는 경우, 지상직원은 어떻게 해야 합니까?

 A. 고객에게 직접적으로 물어본다
 B. 고객의 어조와 제스처를 관찰한다
 C. 고객의 요구를 무시한다
 D. 모든 고객에게 동일한 서비스를 제공한다

70. 지상직원이 어려운 승객을 대할 때 초기 대응으로 가장 적절한 것은 무엇인가?

 A. 승객의 요구를 무시하고 다른 승객을 먼저 처리한다
 B. 고객의 감정을 이해하고 있음을 표현하고 사과한다
 C. 즉시 상사에게 문제를 보고한다
 D. 문제 해결 없이 고객에게 다른 항공사를 추천한다

71. 지상직원이 승객에게 올바르게 정보를 전달하기 위해 피해야 하는 것은 무엇인가?

 A. 자주 전화를 걸기
 B. 항공사 용어 사용하기
 C. 외모 관리하기
 D. 신체 언어 인지하기

72. 항공사는 승객 불만에 대해 어떤 시간 내에 실질적인 응답을 제공해야 하나요?

 A. 14일 이내
 B. 21일 이내
 C. 28일 이내
 D. 30일 이내

73. 항공산업의 성장으로 인해 발생하는 위험 요소는 무엇인가?

 A. 항공사 수의 감소
 B. 저비용 항공사 감소
 C. 신규 공항 건설과 기존 공항 확장
 D. 항공화물 운송 사업의 감소

74. 도쿄 컨벤션(1963년)은 주로 어떤 내용을 다루는가?

 A. 민간항공의 안전에 대한 불법 행동 진압
 B. 항공기 기내에서의 범죄와 특정 행동
 C. 위법적인 항공기 탈취 진압
 D. 폭발물 식별을 위한 기준 마련

75. 지상직원이 탑승수속 보안절차에서 해야 할 업무로 옳지 않은 것은?

 A. 승객의 여행서류를 확인하고 신원을 확인한다.
 B. 항공권의 유효성을 확인한다.
 C. 승객의 신체검사를 직접 수행한다.
 D. 수하물 태그를 출력하여 부착하고 수하물 표를 건넨다.

76. 노-쇼 승객의 대응 방안으로 옳지 않은 것은?

 A. 탑승하지 않은 승객의 신원을 확인한다.
 B. 터미널에서 안내방송을 통해 승객을 호출한다.
 C. 노-쇼 승객의 수하물이 없는 경우 항공기를 클로즈할 것을 알린다.
 D. 노-쇼 승객의 수하물이 있는 경우에도 즉시 항공기를 출발시킨다.

77. 폭발물 협박 전화 유형에 속하지 않는 것은?

    A. 장난 전화
    B. 경고를 하려는 폭파범
    C. 돈을 목적으로 협박하는 사람
    D. 특정인의 승객 불편을 목적으로 하는 사람

78. APP 시스템에서 가족 여권 소지 승객의 처리 방법은?

    A. 주 소지인의 정보만 입력한다.
    B. 아이의 정보만 입력한다.
    C. 주 소지인과 아이의 모든 세부 정보를 입력한다.
    D. 여권 번호만 입력한다.

79. CUSS 시스템의 주요 장점은 무엇인가?

    A. 승객의 건강 상태를 모니터링한다.
    B. 특정 항공사에 국한되지 않고 여러 항공사의 체크인 절차를 동일한 키오스크에서 수행할 수 있다.
    C. 수하물 무게를 자동으로 측정한다.
    D. 항공사의 기내식 메뉴를 관리한다.

80. CUTE 시스템의 주요 목적은 무엇인가?

    A. 승객의 여행 경로를 추적한다.
    B. 공항 시설의 공간과 자원을 절감하기 위해 항공사 간에 공유되는 시스템이다.
    C. 항공기의 연료 소비를 모니터링한다.
    D. 승객의 건강 상태를 모니터링한다.

81. 빠른 여행 프로그램의 목표는 무엇인가?

    A. 항공사 연료 비용 절감
    B. 항공기 유지 보수 시간 단축
    C. 공항 절차를 원활하고 효율적으로 진행하기 위한 셀프서비스 옵션을 제공하여 승객 경험을 향상시키고 항공사 비용을 절감하는 것
    D. 승객의 여행 경로를 추적하는 것

82. 항공기의 안전한 운항을 실시간으로 규제하고 지원하는 서비스는 무엇인가?

    A. AIRSIDE(에어사이드)
    B. AIR TRAFFIC SERVICE(항공 교통 서비스)
    C. AUXILIARY CREW STATIONS(보조 승무원 좌석)
    D. CIVIL AVIATION(민간 항공)

83. 항공기 도착 및 출발을 위해 지정된 공항의 제한 구역을 무엇이라고 하는가?

    A. AIRSIDE(에어사이드)
    B. BAGGAGE CAROUSEL(수하물 회전대)
    C. LANDSIDE(랜드사이드)
    D. HUB STATION(허브 스테이션)

84. 국적국의 여권을 받을 수 없는 무국적자나 외국인에게 발행되는 여행 서류는 무엇인가?

    A. VISA(비자)
    B. PASSPORT(여권)
    C. ALIEN PASSPORT(외국인 여권)
    D. RE-ENTRY VISA(재입국 비자)

85. 보조 승무원 좌석은 어디에 위치하는가?

    A. 승객 객실   B. 조종실
    C. 수하물 적재실   D. A와 B 모두

86. 수하물 회전대는 무엇을 위해 사용되는 장치인가?

    A. 수하물 체크   B. 수하물 보관
    C. 수하물 전달   D. 수하물 포장

87. 항공사가 승객에게 발행하는 수하물 영수증을 무엇이라 하는가?

    A. BAGGAGE CHECK(수하물 체크)
    B. BAGGAGE DROP-OFF(수하물 드롭오프)
    C. BAGGAGE HOLDS(수하물 적재실)
    D. BAGGAGE CAROUSEL(수하물 회전대)

88. 온라인 체크인이나 공항 키오스크를 이용한 승객이 수하물을 맡기는 카운터는 무엇인가?

A. BAGGAGE CHECK(수하물 체크)
B. BAGGAGE DROP-OFF(수하물 드롭오프)
C. BAGGAGE HOLDS(수하물 적재실)
D. CHECK-IN COUNTER(체크인 카운터)

89. 항공기 내 승객의 편안함과 안전을 책임지는 항공사 승무원은 누구인가?

A. FLIGHT CREW(비행 승무원)
B. GROUND HANDLING(지상 조업)
C. CABIN CREW(객실 승무원)
D. AUXILIARY CREW(보조 승무원)

90. 한 항공사의 티켓으로 다른 항공사를 이용할 수 있도록 하는 상업적 협정은 무엇인가?

A. INTERLINE AGREEMENTS(인터라인 협정)
B. CODE SHARE(코드셰어)
C. JOINT VENTURE(조인트 벤처)
D. FRANCHISE(프랜차이즈)

91. 함께 단일 운송 계약을 구성하는 두 개의 항공권을 무엇이라 하는가?

A. JOINT TICKET(조인트 티켓)
B. RETURN TICKET(왕복 티켓)
C. CONJUNCTION TICKET(연계 항공권)
D. GROUP TICKET(그룹 티켓)

92. 화물, 수하물, 우편물의 실제 위치와 무게를 의미하는 용어는 무엇인가?

A. PAYLOAD(유상 하중)
B. DEADLOAD(데드로드)
C. BAGGAGE HOLD(수하물 적재실)
D. WEIGHT BALANCE(무게 균형)

93. 호송원 없이 혼자 추방되는 사람을 무엇이라 하는가?

A. DEPA(동반 추방자)   B. DEPU(비동반 추방자)
C. REFUGEE(난민)   D. ALIEN(외국인)

94. 출발 예정 시간을 의미하는 약어는 무엇인가?

A. ETA(도착 예정 시간)   B. ETD(출발 예정 시간)
C. STD(표준 시간)   D. ATD(실제 출발 시간)

95. 항공사가 보고된 비행 일정에 맞춰 운항하는 성공 수준을 무엇이라 하는가?

A. ON-TIME(정시)
B. ON TIME PERFORMANCE(정시 운항 성과)
C. DEADLOAD(데드로드)
D. LOAD CONTROL(하중 관리)

96. 승객 티켓과 수하물 수령 확인서를 발행하는 항공사 문서를 무엇이라 하는가?

A. BOARDING PASS(탑승권)
B. BAGGAGE CLAIM(수하물 수령증)
C. PASSENGER TICKET(승객 티켓)
D. TRAVEL DOCUMENT(여행 서류)

97. 공항 도착 시 여행객을 맞이하고 도와주는 서비스 직원은 무엇이라 하는가?

A. CABIN CREW(객실 승무원)
B. MEETERS/GREETERS(환영 인사)
C. GROUND HANDLING(지상 조업)
D. FLIGHT CREW(비행 승무원)

98. 기장에게 전달되는 특별 화물에 대한 세부 정보를 포함한 문서는 무엇인가?

A. PNR(승객 이름 기록)
B. NOTOC(기장에게 알림)
C. SITA(국제 항공 전기 통신 협회)
D. IGOM(IATA 지상 조업 매뉴얼)

99. 비자 없이 국가를 환승할 수 있는 승객을 무엇
이라 하는가?

A. TWOV(비자 없이 환승)
B. DPNA(에스코트가 필요한 승객)
C. DEPA(동반 추방자)
D. REFUGEE(난민)

100. 공항의 보안 검사, 세관, 여권 통제 이전의 공
공 접근이 가능한 지역을 무엇이라 하는가?

A. AIRSIDE(에어사이드)
B. LANDSIDE(랜드사이드)
C. RAMP(램프)
D. HUB STATION(허브 스테이션)

| 정답과 해설 |

1. 정답 : C
   해설 : 지상직원은 항공기 정비 업무를 수행하지 않는다. 항공기 정비는 별도의 정비 직원이 담당한다.

2. 정답 : D
   해설 : 항공기 조종사는 운항 승무원으로, 지상 직원과 직접적으로 협력하지는 않는다.

3. 정답 : C
   해설 : 지상직원은 항공기 내 엔진 성능 평가와 관련된 업무를 수행하지 않는다.

4. 정답 : B
   해설 : 보안 서비스는 승객과 수하물의 선별 및 검색을 포함하는 항공 운영의 중요한 부분이다.

5. 정답 : B
   해설 : BRM(Baggage Reference Manual)은 지상직원이 수하물 처리 과정을 이해하는 데 중요한 자료를 포함하고 있다.

6. 정답 : B
   해설 : 사용자는 먼저 시스템에 로그인 정보를 등록해야 예약 구매가 가능하다.

7. 정답 : A
   해설 : 예약 항공권을 취소하려면 사용자는 로그인하여 예약 번호를 요청하고 취소하면 된다.

8. 정답 : B
   해설 : CRS의 응답 시간은 대부분 2초 이내로 설정되어 있다.

9. 정답 : D
   해설 : 셀프 체크인의 주요 목적은 승객 대기 시간 감소와 공항 운영 효율화이며, 항공기 연료 비용 절감과는 관련이 없다.

10. 정답 : C
    해설 : 항공기 연료 주입은 지상직원의 매뉴얼 체크인 절차에 포함되지 않는다.

11. 정답 : C
    해설 : DCS는 기내식 제공 기능을 포함하지 않는다.

12. 정답 : C
    해설 : 수하물 리컨실레이션의 주요 목적은 승객이 탑승하지 않은 상태에서 수하물만을 싣고 이륙하는 것을 방지하는 것이다.

13. 정답 : C
    해설 : TIM(TIMATIC)은 기내식 메뉴를 추천하는 기능을 포함하지 않는다.

14. 정답 : C
    해설 : 전자항공권은 셀프서비스 체크인을 포함한 여러 방법으로 체크인할 수 있다.

15. 정답 : C
    해설 : 탑승권 바코드 스캔기는 자동화 체크인에 사용되며, 매뉴얼 체크인 절차와 관련이 없다.

16. 정답 : C
    해설 : 체크인 카운터에서 제공해야 하는 정보자료에는 금지된 위험물 정보와 항공기 지연 및 취소 시 승객의 권리가 포함되며, 항공기 좌석 배치도는 포함되지 않는다.

17. 정답 : C
    해설 : 예약자 목록(PNL)에는 고객 이름, PNR, 항공권 정보 등이 포함되지만, 항공기 좌석 배치도는 포함되지 않는다.

18. 정답 : D
    해설 : 항공기 연료 주입 관리는 체크인 절차 중 지상직원이 수행하지 않는 활동이다.

19. 정답 : C
    해설 : 항공기 연료 주입 관리는 키오스크 체크인 절차 중 수행하지 않는 단계이다.

20. 정답 : D
    해설 : 항공사는 부적절하게 패킹된 수하물의 운반을 거부할 수 있다.

21. 정답 : B
해설 : 제한된 수하물은 적절한 주의가 취해지면 항공기 내 소지가 가능한 물품도 포함된다.

22. 정답 : C
해설 : 생동물은 운송거부 사유에 해당하며, 항공사의 수하물 책임 제한 항목에는 포함되지 않는다.

23. 정답 : D
해설 : 애완동물은 일반적으로 위탁 수하물로 처리되지 않으며, 승객과 함께 기내반입수하물로 반입된다.

24. 정답 : C
해설 : 무료 수하물 허용기준은 위탁 수하물의 총 중량과 수하물의 개수에 따라 제공되며, 승객의 여권 정보와는 관련이 없다.

25. 정답 : C
해설 : 악기와 같은 큰 물품은 별도의 항공권 좌석(CBBG)을 구매하여 기내에 반입할 수 있다.

26. 정답 : D
해설 : 개인 애완용 개는 훈련된 가이드견이 아니므로, 가이드견의 경우에만 기내에 허용된다.

27. 정답 : C
해설 : 승객 당 최대 허용 중량은 5kg까지 가능하며, 그 이상의 양은 항공화물로만 운송된다.

28. 정답 : C
해설 : BHS는 체크인 카운터에서 수하물을 운반하고 정확한 지역으로 이동시키는 기능을 수행한다.

29. 정답 : C
해설 : VIP 승객은 예약 우선권, VIP 라운지 이용, 수하물 운반 우선권 등의 혜택을 받지만, 기내 면세품 할인은 일반적으로 제공되지 않는다.

30. 정답 : A
해설 : 임신 34주 이상인 임산부는 항공사 의료 서비스 부서의 허가가 필요하다.

31. 정답 : C
해설 : UM은 절대로 보호자 없이 혼자 남겨지거나 항공기에서 내리지 않는다.

32. 정답 : D
해설 : LANG(Language Problems)은 한 가지 언어만 할 수 있으며, 다른 언어를 전혀 모르는 승객을 의미하며, PRM 분류에는 포함되지 않는다.

33. 정답 : C
해설 : 의료 확인이 필요한 승객은 담당 의사가 작성한 MEDIF(Medical Information Form)를 항공사에 제출해야 한다.

34. 정답 : B
해설 : 승객이 수하물이나 악기를 싣기 위해 기내 좌석을 요청할 때에는 CBBG(Cabin Baggage) 코드를 사용한다.

35. 정답 : B
해설 : 입국 금지 승객(INAD)이 리턴 항공권이 없는 경우, 항공사는 최초 출발지로 항공권을 재발급해야 한다.

36. 정답 : C
해설 : 편안하고 침착한 승객은 업무에 지장을 줄 가능성이 낮다.

37. 정답 : B
해설 : PTM (Passenger Transfer Manifest)은 12시간 안에 다른 항공기에 탑승해야 하는 경유 승객에 대한 정보를 제공한다.

38. 정답 : D
해설 : VIP, CIP 승객의 수하물은 일반석 수하물보다 먼저 전달되며, 승무원 수하물은 승객의 수하물과 분리하여 전달한다.

39. 정답 : D
해설 : 수하물이 분실되는 주요 이유로 항공기 경유 지점에서 수하물이 다음 항공편에 실리지 못하는 경우, 탑재 실패, 수하물 태그 부착 오류 등이 있지만, 승객이 항공편을 변경한 경우는 주요 이유에 포함되지 않는다.

40. 정답 : C
해설 : 승객이 수하물 처리 오류를 신고할 때 작성해야 하는 서류는 PIR(Passenger Irregularity Report)이다.

41. 정답 : C
해설 : 수하물 처리 오류를 방지하기 위한 방법으로는 각 수하물에 승객의 이름과 주소를 제대로 표시하고, 이전에 부착된 모든 수하물 태그와 스티커를 제거하며, 수하물 태그에 목적지를 제대로 표시한 후 수하물에 잘 부착하는 것이 포함되지만, 승객의 수하물에 특별한 색깔을 칠하는 것은 포함되지 않는다.

42. 정답 : C
해설 : 분실된 수하물을 추적하는 시스템은 월드 트레이서(World Tracer) 시스템이다.

43. 정답 : D
해설 : 항공기가 지연될 경우, 타 항공사에 이미 전체 여정 체크인을 마친 승객의 수와 전달해야 하는 수하물의 개수, 전달 항공편의 예정 도착 시각을 신속히 알리는 것이 필요하다.

44. 정답 : D
해설 : 미국 DOT Part 250은 미국에서 출국하는 모든 승객에게 적용된다. 유럽에서 출국하는 승객에게는 적용되지 않는다.

45. 정답 : C
해설 : 불가항력적 이유로 인한 취소 시 경제적 보상은 불가능하지만, 환불, 숙박, 추가지원은 가능하다.

46. 정답 : B
해설 : FIM의 주요 항목에는 승객의 여권 번호가 포함되지 않는다.

47. 정답 : C
해설 : IATA의 PSCRM은 승객과 수하물 체크인 절차, 수하물 태그와 티켓팅, 인터라인 협의 사항 등의 지침을 포함하지만, 승무원 복장 규정은 포함되지 않는다.

48. 정답 : C
해설 : 항공사가 좌석을 제공할 수 없거나 항공편 지연이 발생하면, 항공권 유효날짜를 연장한다.

49. 정답 : D
해설 : 스톱오버는 도착지로 가는 도중 허브 공항에서 24시간 이상 체류하는 경우를 의미한다.

50. 정답 : A
해설 : 칼, 날카로운 물체는 기내반입이 불가하며 위탁수하물로만 운송할 수 있다.

51. 정답 : C
해설 : 항공사는 승객의 행동이 안전을 위협하거나 법적 문제, 서류 미비 등의 이유로 운송을 거부할 수 있다.

52. 정답 : C
해설 : 항공사의 책임은 1999년 몬트리올 협약에 따른다.

53. 정답 : C
해설 : 국제선 항공편을 이용할 때는 여권과 비자를 제출해야 한다.

54. 정답 : C
해설 : 지상직원은 특별 도움이 필요한 승객의 위치를 확인하는 등의 업무를 수행한다.

55. 정답 : C
해설 : 안내방송의 주요 목적은 승객에게 항공편 명, 목적지, 탑승시간, 사전 탑승 공지, 탑승 순서, 이상 상황 등을 알리는 것이다.

56. 정답 : B
해설 : 탑승관리시스템의 주요 기능은 탑승권 정보를 읽고 데이터베이스를 업데이트하며, 탑승 완료 후 데이터를 체크인 시스템으로 전송하는 것이다. 승객의 휴대수하물을 자동으로 검색하는 기능은 포함되지 않는다.

57. 정답 : C
해설 : 승객의 개인 신상 정보를 기록하는 것은 승객-수하물 일치 과정의 지상직원의 책임이 아니다. TOB 확인, 수하물 개수 및 무게 확인, 자동화된 공항에서는 게이트 스캐너로 탑승권 처리 등이 지상직원의 책임이다.

58. 정답 : C
해설 : 로드컨트롤에 전송해야 할 정보는 승객의 분류, 수하물 목록 등이다. 항공편의 정비 상태는 로드컨트롤에 전송할 정보가 아니다.

59. 정답 : D
해설 : FTL은 상용여행객 리스트로 승무원 명단을 포함하지 않는다.

60. 정답 : B

해설 : 화주는 위험물의 분류, 포장, 라벨링, 서류 작성 등에 책임이 있다.

61. 정답 : D

해설 : 승객이 항공기 탑승 전에 금지된 위험물 유형을 알 수 있도록 모든 공항에서 안내해야 하며, 탑승 후 안내는 적절하지 않다.

62. 정답 : B

해설 : 폭발 가능성이 있는 물질은 항공기 운송이 금지된 위험물로, 운송 시 위험한 반응, 불꽃, 열 방출 가능성이 있어 승객과 항공기의 안전에 심각한 위협이 된다.

63. 정답 : D

해설 : 1.4S는 여객기에서 유일하게 허용되는 폭발물로, 다른 폭발물에 비해 상대적으로 안전하게 운송이 가능하다.

64. 정답 : B

해설 : 포장 그룹 II는 중간 위험 그룹으로 분류되며, 이는 포장 그룹 I(큰 위험 그룹)과 포장 그룹 III(적은 위험 그룹) 사이의 중간 위험도를 가진다.

65. 정답 : B

해설 : 지상직원은 위험물 사고 발생 시 가장 먼저 상위 관리자에게 보고하고, 상황의 위험 정도를 파악해야 한다.

66. 정답 : C

해설 : 지상직원은 위험물 유출 사고 발생 시 가장 먼저 유출되거나 새는 것을 즉시 분리하여 확산을 막아야 한다.

67. 정답 : B

해설 : 고객은 서비스에서 친절, 권한, 이해, 공평함, 정보를 기대하며, 이러한 요소들이 고객의 서비스 경험에 큰 영향을 미친다.

68. 정답 : D

해설 : 항공산업의 지상직원은 긍정적인 단어를 사용하여 고객과의 신뢰를 구축하고 친밀감을 형성한다.

69. 정답 : B

해설 : 고객이 자신의 의도를 명확히 말로 표현하지 않을 때, 지상직원은 고객의 어조와 제스처를 민감하게 관찰하여 기회를 포착해야 한다. 이를 통해 고객의 미표현된 요구를 파악할 수 있다.

70. 정답 : B

해설 : 지상직원은 어려운 고객을 대할 때 고객의 감정을 이해하고 있음을 표현하고 사과함으로써 상황을 진정시키고 긍정적으로 대화를 시작할 수 있다.

71. 정답 : B

해설 : 항공사 용어는 고객에게 혼란을 줄 수 있으므로, 승객과의 커뮤니케이션에서는 피해야 한다.

72. 정답 : C

해설 : 항공사는 정상적인 상황에서 승객이 서면 항의에 대한 실질적인 응답을 28일 이내에 제공해야 한다.

73. 정답 : C

해설 : 항공산업의 성장은 신규 공항 건설과 기존 공항의 확장으로 인해 다양한 위험 요소를 증가시키고 있다. 이는 더 많은 테러리스트와 범죄자들에게 잠재적 목표를 제공하게 된다.

74. 정답 : B

해설 : 도쿄 컨벤션(1963년)은 항공기 기내에서의 범죄와 특정 행동에 관한 내용을 다루며, 항공기 내의 범죄와 안전에 영향을 미치는 행동에 관한 26개 조항을 포함하고 있다.

75. 정답 : C

해설 : 지상직원은 승객의 신체검사를 직접 수행하지 않으며, 이는 보안 검색요원의 업무이다. 지상직원은 주로 서류 확인, 수하물 처리, 보안 관련 질문 등을 담당한다.

76. 정답 : D

해설 : 노-쇼 승객의 수하물이 있는 경우, 지상직원은 반드시 기장의 승인 아래 해당 수하물을 찾아 항공기에서 내려야 한다. 이는 보안 규정에 따라 승객과 수하물이 일치해야 하기 때문이다.

77. 정답 : D
해설 : 폭발물 협박 전화는 주로 장난 전화, 경고를 하려는 폭파범, 또는 돈을 목적으로 협박하는 사람들이 한다. 특정인의 승객 불편을 목적으로 하는 것은 일반적인 폭발물 협박 유형에 속하지 않는다.

78. 정답 : C
해설 : APP 시스템에서는 가족 여권 소지 승객의 경우 주 소지인과 아이의 모든 세부 정보를 입력하여 처리한다. 이는 주 소지인만의 정보 입력으로는 충분하지 않기 때문이다.

79. 정답 : B
해설 : CUSS(Common Use Self Service) 시스템은 여러 항공사의 체크인 절차를 동일한 키오스크에서 수행할 수 있도록 하여 공간 절약, 효율성 증가, 승객 편의성을 향상시키는 주요 장점을 갖고 있다.

80. 정답 : B
해설 : CUTE(Common User Terminal Equipment) 시스템은 공항 시설의 공간과 자원을 절감하기 위해 여러 항공사가 공동으로 사용하는 시스템으로, 승객의 체크인과 탑승 과정을 효율적으로 처리한다.

81. 정답 : C
해설 : 빠른 여행 프로그램의 목표는 공항에서의 절차를 원활하고 효율적으로 진행하기 위한 셀프서비스 옵션을 제공하여 승객 경험을 향상시키고 항공사 비용을 절감하는 것이다.

82. 정답 : B
해설 : AIR TRAFFIC SERVICE(항공 교통 서비스, ATS)는 항공기의 안전한 운항을 실시간으로 규제하고 지원하는 서비스이다.

83. 정답 : A
해설 : AIRSIDE(에어사이드)는 항공기의 도착 및 출발을 위해 지정된 공항의 제한 구역을 의미한다.

84. 정답 : C
해설 : ALIEN PASSPORT(외국인 여권)는 국적국의 여권을 받을 수 없는 무국적자나 외국인에게 발행되는 여행 서류이다.

85. 정답 : D
해설 : AUXILIARY CREW STATIONS(보조 승무원 좌석)은 조종실이나 승객 객실에 위치한 보조 승무원 좌석이다.

86. 정답 : C
해설 : BAGGAGE CAROUSEL(수하물 회전대)은 목적지의 수하물 수령 구역에서 승객에게 수하물을 전달하는 장치이다.

87. 정답 : A
해설 : BAGGAGE CHECK(수하물 체크)는 항공사가 승객에게 발행하는 수하물 영수증이다.

88. 정답 : B
해설 : BAGGAGE DROP-OFF(수하물 드롭오프)는 온라인 체크인이나 공항 키오스크를 이용한 승객이 수하물을 맡기는 카운터이다.

89. 정답 : C
해설 : CABIN CREW(객실 승무원)는 항공기 내 승객의 편안함과 안전을 책임지는 항공사 승무원이다.

90. 정답 : B
해설 : CODE SHARE(코드셰어)는 한 항공사의 티켓으로 다른 항공사를 이용할 수 있도록 하는 상업적 협정이다.

91. 정답 : C
해설 : CONJUNCTION TICKET(연계 항공권)은 함께 단일 운송 계약을 구성하는 두 개의 항공권을 의미한다.

92. 정답 : B
해설 : DEADLOAD(데드로드)는 화물, 수하물, 우편물의 실제 위치와 무게를 의미한다.

93. 정답 : B
해설 : DEPU(비동반 추방자)는 호송원 없이 혼자 추방되는 사람을 의미한다.

94. 정답 : B
해설 : ETD(출발 예정 시간)는 출발 예정 시간을 의미하는 약어이다.

95. 정답 : B
해설 : ON TIME PERFORMANCE(정시 운항 성과, OTP)는 항공사가 보고된 비행 일정에 맞춰 운항하는 성공 수준을 의미한다.

96. 정답 : C
해설 : PASSENGER TICKET(승객 티켓)은 항공사가 발행하는 승객 티켓과 수하물 수령 확인서를 의미한다.

97. 정답 : B
해설 : MEETERS/GREETERS(환영 인사)는 공항 도착 시 여행객을 맞이하고 도와주는 서비스 직원이다.

98. 정답 : B
해설 : NOTOC(기장에게 알림)는 기장에게 전달되는 특별 화물에 대한 세부 정보를 포함한 문서이다.

99. 정답 : A
해설 : TWOV(비자 없이 환승)는 비자 없이 국가를 환승할 수 있는 승객을 의미한다.

100. 정답 : B
해설 : LANDSIDE(랜드사이드)는 공항의 보안 검사, 세관, 여권 통제 이전의 공공 접근이 가능한 지역을 의미한다.

IATA 국제(글로벌)자격증 시험문제와 정답*

* 본 자격증 시험문제는 IATA(캐나다 몬트리올, 온라인 시험. 년 6회)에서 진행하는 Passenger Ground Service 국제(글로벌) 자격증의 영어 기출문제입니다. 100문제를 3시간 동안 풀며, 60점 이상 득점하면 IATA로부터 자격증을 받을 수 있습니다.

1. Which of the following passengers requires special passenger handling services?

   – A. Elderly man or woman   – B. Pregnant woman
   – C. Mother with an infant   – D. Transit without Visa passenger

2. Dangerous Goods have a certain classification to inform the handler of its level of danger. What does Packing Group I denote?

   – A. Minor Danger   – B. Medium Danger
   – C. No Danger   – D. Great Danger

3. Which of the following statements about the transport of live animals aboard aircraft is TRUE?

   – A. Household pets are included in the free bag as either checked baggage or in the cabin
   – B. Live animals may only be transported as checked baggage and are prohibited from being transported in the cabin under any circumstances
   – C. Guide dogs accompanying sight or hearing impaired passengers may be transported in the cabin without container
   – D. Guide dogs accompanying sight or hearing impaired passengers may be transported in the cabin, provided the passenger pays an additional charge

4. Why are self-service check-in systems being implemented in airports?

   – A. Passenger ground services agents are not well- trained to handle passengers
   – B. There are currently too many check- in counters in airport terminal buildings
   – C. There are often long queues at check- in counters, which frustrate passengers
   – D. Airlines have reduced their numbers of passenger ground services agents

5. In general, what is the minimum data required for Advance Passenger Processing (APP)?

   – A. Passport number, nationality code, family name
   – B. Nationality code, given name(s), family name
   – C. Passport number, family name, gender
   – D. Nationality code, family name, gender

6. What does the acronym CUPPS stand for?

   – A. Common Use Passenger Profiling Systems
   – B. Common Use Passenger Pre- screening Systems
   – C. Common Use Passenger Pass Systems
   – D. Common Use Passenger Processing Systems

7. Security measures that airports are required to implement are documented in which annex of the ICAO?

   - A. Annex 19
   - B. Annex 17
   - C. Annex 15
   - D. Annex 11

8. When receiving a call about a bomb threat, what should you do?

   - A. Assume the call is likely a hoax and hang up without completing a bomb threat report.
   - B. End the call as soon as possible, but leave the phone off the hook so the call may be traced
   - C. Keep the caller on the line and try to obtain as much information as possible
   - D. End the call as soon as possible, and contact airport security and the police

9. Place the questions that you should ask a bomb threat caller in the correct order.

   | I. Who are you? |
   | II. Why are you doing this? |
   | III. Where is the bomb? |
   | IV. When will the bomb go off? |
   | V. What does the bomb look like? |

   - A. I, II, III., IV., V
   - B. V., IV., III. I., II
   - C. III., IV., V., II., I
   - D. III., IV., V., I., II.

10. Expressions like "hmm", "ah", "oh" are examples of which type of communication?

   - A. Verbal communication
   - B. Non- verbal communication
   - C. Negative communication
   - D. Active communication

11. Which of the following is a hidden dangerous good?

   - A. Gold bars
   - B. Camping stove
   - C. Vegetables
   - D. Computers

12. What do boarding gate readers and barcode scanners attached to the workstation read from the passengers?

   - A. Special meal requests
   - B. Previous flight taken
   - C. Next destination
   - D. Passenger information

13. What does the FTL (Frequent Traveler List) show about passengers who have frequent traveler numbers?

    – A. Actual departed   – B. Actual arrived
    – C. Actual boarded   – D. Actual transit

14. Match the three elements of verbal communication with its relative importance in communication.

    ┌──────────────────────────────────────┐
    │ I. Words   │
    │ II. Tone of voice   │
    │ III. Body language   │
    │   │
    │ a. 55% of communication   │
    │ b. 38% of communication   │
    │ c. 7% of communication   │
    └──────────────────────────────────────┘

    – A. I.b, II.c, III.a   – B. I.a, II.c, III.b
    – C. I.c, II.b, III.a   – D. I.a, II.b, III.c

15. Airlines will provide passengers a substantive response to written complaints within _____ days from the date of receiving complaints.

    – A. 60   – B. 30
    – C. 28   – D. 14

16. Being able to repeat back in your own words what the person said to their satisfaction involves _____ listening.

    – A. Marginal   – B. Active
    – C. Selective   – D. Deselective

17. _____ is the ability to understand and acknowledge how a customer feels in a situation.

    – A. Sympathy   – B. Empathy
    – C. Compassion   – D. Sensitivity

18. When dealing with an angry customer, deal with the _____ first and then deal with the issue.

    – A. Person   – B. Anger
    – C. Emotion   – D. Issue

19. How many classes of dangerous goods (DG) are there?

   – A. 5   – B. 7

   – C. 9   – D. 12

20. As a PGSA, you are required to make a gate announcement. What information will you have to include in your announcement?

   – A. The flight number   – B. The meal that will be served

   – C. The pilot's name   – D. Meteorological conditions

21. What is the highest fare approved for carriage in a given class?

   – A. Normal fare   – B. Special fare

   – C. Full fare   – D. Published fare

22. All passengers aged _____ or older must occupy a seat.

   – A. Four years   – B. Three years

   – C. Two years   – D. One year

23. Which check-in method should a passenger use (off-site or on-site) to avoid the long lines at the airport?

   – A. Check- in counter   – B. Airport kiosk

   – C. Off- Site kiosk   – D. Travel agent

24. _____ refers to all bags for which the carrier takes sole custody and for which the carrier issues a baggage tag.

   – A. Cabin baggage   – B. Checked baggage

   – C. Special baggage   – D. Unattended baggage

25. Which of the following passengers CANNOT walk up or down steps, but is able to make the way to a cabin seat on their own?

   – A. WCHR   – B. WCHS

   – C. WCHC   – D. WCOB

26. What is the term given to passengers on board an incoming flight who are expected to have a very limited time for their transfer?

   – A. Short Connections   – B. Long Connections

   – C. Medium Connections   – D. Long hauls

27. Passenger who check in online and print their boarding pass before a flight may bypass the counter check-in process if they _____

   - A. Are carrying carry- on baggage only
   - B. Have no heavy or oversized baggage
   - C. Have no special meal requests
   - D. Are not traveling with infants or children

28. Many airlines allow passengers holding electronic tickets to perform an online check-in _____ hours before their flight.

   - A. 48
   - B. 24
   - C. 12
   - D. 8

29. To be considered a transfer passenger, a passenger must hold a reservation on a flight scheduled to depart within _____ after arrival at the airport of transfer.

   - A. 1 week
   - B. 2 days
   - C. 24 hours
   - D. 12 hours

30. A passenger traveling from London to Seoul informs the PGSA at check-in that they have a bottle of shampoo (90ml) in their carry-on. Should the PGSA be concerned?

   - A. Yes
   - B. No

31. Which term describes a situation where a passenger is unable to reach his/her booked connecting flight because of the late arrival of the delivering flight (inbound flight)?

   - A. Crossed connection
   - B. Missed- connection
   - C. Late- connection
   - D. On- time connection

32. Involuntary _____ refers to the air transportation of a passenger to his or her destination using services other than those originally planned.

   - A. Upgrading
   - B. Downgrading
   - C. Rerouting
   - D. Rescheduling

33. A flight schedule is a standard notice that must be placed on the check-in desk. TRUE or FALSE?

   - A. True
   - B. False

34. Many governments require airlines to submit advanced passenger electronic data at a specific time for _____ passengers.

   – A. Arriving
   – C. Disembarking
   – B. Transit
   – D. Departing

35. Which of the following items would be prohibited from being carried in cabin baggage, as per restrictions on liquids, aerosols, and gels set by ICAO?

   – A. 120ml bottle of liquid baby aspirin
   – B. 230ml bottle of sunblock
   – C. 50ml bottle of hand sanitizer
   – D. 270ml bottle of baby milk

36. When a passenger is using a CUSS, what is the role of the PGSA?

   – A. Print the baggage tag and affix it to checked luggage
   – B. Request and check the passenger's passport
   – C. Allocate the seat for the passenger
   – D. Assist passengers who are not familiar with using the CUSS

37. The purpose of the _____ process is to reconcile the passengers with their baggage and consequently accept them for travel.

   – A. Boarding
   – C. Arrival
   – B. Departure
   – D. Check- in

38. What is used for fuel efficiency and saves the airlines money?

   – A. Concealed trim
   – C. Trim length
   – B. Trim weight
   – D. Ideal trim

39. Which of the following systems is used to dispatch cargo and to optimize aircraft weight and balance?

   – A. Departure Control System
   – C. Global Distribution System
   – B. Computer Reservation System
   – D. Cargo Control System

40. What can the CUSS system do?

   – A. Check- in passengers
   – C. Baggage reconciliation
   – B. Passenger boarding
   – D. Weight and balance

41. What is the key purpose of check-in?

   - A. To reject and accept passengers and their baggage
   - B. To reject and decline passengers and their baggage
   - C. To recognize and board passengers and their baggage
   - D. To recognize and accept passengers and their baggage

42. _____ are concerned with aircraft operations rather than being a commercial air transport operation, such as aerial photograph work operation.

   - A. Gateway international airports
   - B. Regional airports
   - C. General aviation airports
   - D. Local airports

43. Which organization promotes safe, reliable, secure and economical air transport services?

   - A. ICAO
   - B. IATA
   - C. Transport Security Administration
   - D. Airport Council International

44. A passenger claimed his luggage after the arrival of his flight from Las Vegas and he noticed that the baggage was damaged. To which manual will you primarily refer to help this passenger?

   - A. BSM   - B. ISAGO
   - C. PSCRM   - D. AHM

45. A passenger with disabilities checks-in for his flight to Las Vegas and he needs to check-in a regular wheelchair. To which manual will you refer to help this passenger?

   - A. BSM   - B. ISAGO
   - C. DGR   - D. AHM

46. Following the 9/11 incident, which agency was involved in setting and monitoring the standards and practice associated with safety and security of airports?

   - A. Freight forwarders
   - B. International regulatory organizations
   - C. Airline operators
   - D. Airport authority

47. The _____ is a document that contains the Standards and Recommended Practices for the conduct of safety audits of ground handling companies.

    – A. BSM   – B. ISAGO Standards Manual
    – C. PSCRM   – D. AHM

48. Which organization is responsible for regulating the safety and security of airports in its member states?

    – A. ICAO
    – B. IATA
    – C. Transport Security Administration
    – D. Airport Council International

49. From an airport perspective, both passengers and crews are subject to the same security screening procedures. TRUE or FALSE?

    – A. True   – B. False

50. Which of the following represent innovations in baggage control?

    – A. Baggage Reconciliation System (BRS)
    – B. Baggage Handling System(BHS)
    – C. Common User Self Service Check– in
    – D. "E"– border control

51. Which one of the following will result from innovations in passenger ticketing?

    – A. Speed up the security check for the passenger
    – B. Reduce queues
    – C. Reduce the number of checks
    – D. Improve airport productivity

52. What is the overall benefit of the self–service system?

    – A. It benefits the airports, airlines and passengers.
    – B. It benefits the airlines only.
    – C. It benefits the passengers and airports only.
    – D. It benefits the passengers only.

53. What is one of the main challenges with the current check-in counter system?

   - A. PGSAs are not well-trained to handle passengers.
   - B. There are far too many check-in counters in airport terminal buildings.
   - C. There are usually long queues at check-in counters which result in frustration for passengers.
   - D. PGSAs are not kind to handle passengers.

54. What is the BIGGEST advantage of introducing the self-service process for passengers from the carrier's perspective?

   - A. To improve security checks of passengers and their baggage.
   - B. To enhance the efficiency of airport operations.
   - C. To help reduce airline costs and enhance the passenger experience.

55. What does CUPPS stand for?

   - A. Common Use Passenger Processing Systems.
   - B. Common Use Passenger Profiling Systems.
   - C. Common Use Passenger Pre- screening Systems.
   - D. Common Use Passenger Pass System.

56. What does the term CUSS mean?

   - A. Common User Security Service.
   - B. Common User Service Standard.
   - C. Common User Self Service.
   - D. Common User Self Standard.

57. What does APP mean?

   - A. Advanced Passenger Processing.
   - B. Advanced Passenger Profiling.
   - C. Advanced Passenger Pre-check-in.
   - D. Advanced Passenger Pre-screening.

58. What does the term API mean?

   - A. Advanced Passenger Integration.
   - B. Advanced Passenger Information.
   - C. Advanced Passenger Interrogation.
   - D. Advanced Passenger Innovations.

59. What is the purpose of the Self-Service Technology (SST)?

    - A. It is an object which allows customers to interact with self-service software (SSS).
    - B. It is an object that allows airlines to interact with SSS.
    - C. It is an object that allows PGSAs to interact with SSS.
    - D. To assist passengers to by- pass security checks.

60. What is a key advantage of self-service in the aviation industry?

    - A. To reduce check-in counters for airport operations.
    - B. To gain publicity for the airlines.
    - C. For increased efficiency.
    - D. To assist in speeding up security screening.

61. A bomb threat can be delivered by many means. Which of these is the most common method?

    - A. Telephone
    - B. Written message
    - C. Fax message
    - D. Tape recorded message

62. Which of these is the most common threat that the aviation industry is subjected to?

    - A. Hijacks
    - B. Airport attacks
    - C. Assault
    - D. Bomb threats

63. Customer care is _____.

    - A. A managed medical care program for that customer.
    - B. A nifty alliterative term that looks good in company brochures.
    - C. A new program where customers care for themselves.
    - D. A philosophy whereby the customer is at the centre of good service even before a problem arises.

64. ICAO codified the Dangerous Goods Emergency Response procedures in _____

    - A. Annex 17
    - B. Annex 15
    - C. Annex 14
    - D. Annex 16

65. Which of the following divisions of explosives is permitted to be transported in passenger aircrafts?

    - A. 1.4B
    - B. 1.4E
    - C. 1.4S
    - D. 1.4C

66. How many classes of DG are there?

    – A. 8   – B. 9
    – C. 7   – D. 6

67. Airlines use the _____ which complies fully with the ICAO Technical Instructions as the everyday field document.

    – A. IAEA   – B. CoE
    – C. ACI   – D. IATA

68. In the event that DG is loaded onboard any aircraft, who must be informed of this?

    – A. The passengers   – B. The chief purser of the flight
    – C. The pilot- in- command (PIC)   – D. The air traffic controller

69. The DG Regulations are specified under the _____

    – A. United Nations Transport of Dangerous Goods
    – B. IATA Transport of Dangerous Goods
    – C. ICAO Transport of Dangerous Goods
    – D. ACI Transport of Dangerous Goods

70. All DG carried aboard any carrier are classified so that they can be ____

    – A. Stored properly
    – B. Identified for carriage restrictions
    – C. Put into passenger baggage
    – D. Barred from being loaded

71. ICAO Technical Instructions are codified in _____.

    – A. Annex 16   – B. Annex 17
    – C. Annex 18   – D. Annex 19

72. IATA publishes the revised DGR Manual _____.

    – A. Every 6 months   – B. Every 1 year
    – C. Every 3 months   – D. Every 2 years

73. A Passenger Manifest must be prepared following the format specified by ICAO in _____

    – A. Annex 9, Appendix 1   – B. Annex 9, Appendix 2
    – C. Annex 9, Appendix 3   – D. Annex 9, Appendix 4

74. PGSAs must update the actual baggage weight in the DCS while checking-in a passenger. TRUE or FALSE?

  – A. True   – B. False

75. Compensation for delayed baggage may be claimed in writing within _____ days from its delivery.

  – A. 7   – B. 14
  – C. 21   – D. 30

76. Under Resolution 705, the period of validity for tickets issued for one way, round trip, or circle trip fares shall be _____ year from the date of commencement of travel.

  – A. ½   – B. 1
  – C. 1 ½   – D. 2

77. "Force Majeure" means unusual and _____ circumstances beyond your control, the consequences of which could not have been avoided even if reasonable care had been exercised.

  – A. Normal   – B. Unforeseeable
  – C. Predictable   – D. Extreme

78. "Checked Baggage" is also known as _____

  – A. Luggage checked   – B. Baggage Tag
  – C. Baggage   – D. Registered Luggage

79. On some services, the airline may have arrangements with other carriers, this is known as

  _____

  – A. Charter Operations   – B. Code of Shares
  – C. Overriding Law   – D. Conditions Prevail Over Regulations

80. Passenger Carriers' Conditions are governed by _____

  – A. The Hague Rules
  – B. Warsaw Convention
  – C. Guadalajara Supplementary Convention
  – D. Montreal Convention

81. Information about passengers with short connections is found in the _____.

  - A. PSM
  - B. PTM
  - C. TPM
  - D. SOM

82. Seats adjacent to emergency exits must be allocated only to able-bodied adults _____

  - A. Above 18 years old
  - B. Above 12 years old
  - C. Above 21 years old
  - D. Above 15 years old

83. All passengers aged two years or older must occupy a seat. TRUE or FALSE?

  - A. True
  - B. False

84. IATA publishes the revised Travel Information Manual (TIM) _____

  - A. Every year
  - B. Every month
  - C. Every 3 months
  - D. Every 6 months

85. It is still possible for the load controller to add any last-minute changes to the final load message and load sheet after the departure. TRUE or FALSE?

  - A. True
  - B. False

86. Weight and balance is also known as _____

  - A. Load control
  - B. Load manifest
  - C. Load sheet
  - D. Balance table

87. The number of booked passengers on a flight which needs to be manually checked-in and boarded is not really relevant for the process.

  - A. True
  - B. False

88. Which database will the CRS access to charge the cost of the ticket(s) to the user?

  - A. DB-User
  - B. DB-Schedule
  - C. DB-Reservations
  - D. DB-Geography

89. A user of the CRS would be governed by whether he is a guest or a registered user. TRUE or FALSE?

  - A. True
  - B. False

90. The document that contains the Standards and Recommended Practices to assess the management and control systems of ground handling services for airlines is called _____

    - A. PSCRM
    - C. ISAGO
    - B. AHM
    - D. BSM

91. Which document will provide procedures for Delayed and Lost Baggage tracing?

    - A. PSCRM
    - C. AHM
    - B. BSM
    - D. ISAGO

92. What do security handling services involve?

    - A. Directing passengers to board the aircraft
    - B. Directing passengers and crews to the gates
    - C. Keeping all the valuables of the passengers in a safe
    - D. Screening of cargo, mail, and passengers

93. What is the third phase a passenger will go through when preparing to fly, after the "making a booking" phase and "at the airport" phase?

    - A. Flying phase
    - C. Baggage claim phase
    - B. Pre- boarding
    - D. Check- in phase

94. This service involves general cargo and mail handling services, customs control, handling of irregularities, documentation processing, physical handling of inbound and outbound cargo and mail, transfer/transit cargo and post office mail.

    - A. Cargo and mail services
    - C. Passenger handling
    - B. Ramp handling
    - D. All of the above

95. The term "ground service providers" is used for _____

    - A. Government agencies, fire service, and airport authorities, etc.
    - B. Airport contractors, passengers, and flight crew, etc.
    - C. Aircraft refuelers, passengers, and cleaners, etc.
    - D. Aircraft refuelers, caterers, and cleaners, etc.

96. Select the agencies that not operate in an airport.

    - A. Governments regulatory agencies
    - B. Airfreight forwarders
    - C. ICAO
    - D. Airport and airline operators

97. An airport is _____

   - A. A terminal point of an aircraft.
   - B. An area designed to enable an aircraft to land and take off.
   - C. An area where only military aircraft operate.
   - D. A ship designed to enable an aircraft to land and take off.

98. An airport is divided into landside and airside functions to _____

   - A. Promote growth
   - B. Ensure productivity
   - C. Facilitate secure operations
   - D. Allow easier access for vehicles and people

99. In more recent times, civil aviation has been impacted by _____

   - A. A decline in privatization of airports
   - B. Decreasing affordability of air travel
   - C. Rapid technological and engineering changes
   - D. An increase in acts of terrorism

100. What are the three basic components of the air transport system?

   - A. Airports, airlines, and regulatory bodies
   - B. Airport police, passengers, and crews
   - C. ICAO, government, and private sector
   - D. Airlines, ICAO, and private sector

| 정답 |

1.	D	21.	A	41.	D	61.	A	81.	B
2.	D	22.	C	42.	C	62.	D	82.	A
3.	C	23.	C	43.	B	63.	D	83.	A
4.	C	24.	B	44.	D	64.	A	84.	B
5.	A	25.	B	45.	D	65.	C	85.	B
6.	D	26.	A	46.	B	66.	B	86.	A
7.	B	27.	A	47.	B	67.	D	87.	B
8.	C	28.	B	48.	A	68.	C	88.	C
9.	D	29.	C	49.	A	69.	C	89.	A
10.	B	30.	B	50.	A	70.	B	90.	C
11.	B	31.	B	51.	B	71.	C	91.	B
12.	D	32.	C	52.	A	72.	B	92.	D
13.	C	33.	B	53.	C	73.	A	93.	D
14.	C	34.	D	54.	C	74.	A	94.	A
15.	C	35.	B	55.	A	75.	C	95.	D
16.	B	36.	D	56.	C	76.	B	96.	C
17.	B	37.	D	57.	A	77.	B	97.	B
18.	C	38.	D	58.	B	78.	D	98.	C
19.	C	39.	A	59.	A	79.	B	99.	C
20.	A	40.	A	60.	C	80.	D	100.	A

저/자/약/력(가나다 순)

김경혜 현) 한라대학교 호텔항공외식경영학과 겸임교수
　　　　　인덕대학교 항공서비스학과 외래교수
　　　　　주) 카사인터내셔널 대표이사
　　　　전) 가루다인도네시아 항공사 영업마케팅 총괄이사
　　　　　IATA 글로벌 자격증 보유

김미정 현) 광주대학교 항공서비스학과 조교수
　　　　　한국항공경영학회 편집위원
　　　　　한국융합콘텐츠학회 편집위원
　　　　전) 아시아나항공, 제주항공 및 노스웨스트항공 근무

김한성 현) 경인여자대학교 항공서비스학과 조교수
　　　　전) 아시아나항공㈜ 미얀마 양곤지점장, 베트남 다낭지점장, 미국 사이판공항소장 등
　　　　　에어서울㈜ 경영전략팀장 등
　　　　　에어프레미아㈜ 경영개선팀장 등
　　　　　한양여자대학교 항공과 겸임교수

박신영 현) 동서울대학교 항공서비스과 부교수
　　　　전) 대한항공 여객마케팅 · 관리 · 인사 · 교육

배성화 현) 오산대학교 항공서비스과 조교수
　　　　전) 대구공항 대한항공 여객운송 교육담당
　　　　　대한항공 및 외항사 탑승수속 및 load control 업무 수행(19년)
　　　　　대구한의대학교 항공서비스과 조교수

신경희 현) 한양여자대학교 항공과 교수
　　　　전) 세명대 항공서비스학과 교수
　　　　　세한대 항공서비스학과 교수
　　　　　아시아나 객실승무원
　　　　　동방항공 객실승무원

이유나 현) 한양여자대학교 항공과 겸임교수
　　　　　신구대학교 항공서비스과 외래교수
　　　　전) 베트남 비엣젯항공 인천국제공항지점 여객운송총괄직
　　　　　금호 아시아나 KA 인천국제공항지점 외항기팀 여객운송서비스직

이지윤 현) 한남대학교 호텔항공경영학과 조교수
P&GBA(People and Global Business Association) 국제학술위원
한국호텔외식관광경영학회 상임이사
전) 우석대학교 항공관광학과 겸임교수
대한항공 객실승무원 부사무장

최판호 현) 신라대학교 항공서비스학과 조교수
전) 에어로케이 부사장
에어부산 경영본부장
아시아나 항공 근무
국토교통부 항공정책실무위원회 위원
국토교통부 항공정책고객위원회 위원

글로벌 항공운송실무

초판 1쇄 발행 2024년 8월 30일

저자 | 김경혜·김미정·김한성·박신영·배성화
　　　신경희·이유나·이지윤·최판호
펴낸이 | 김주래
펴낸곳 | 두루 출판사

등록 | 396-95-02021
주소 | 서울시 용산구 효창원로 17
전화 | 010-8767-4253
전자우편 | kjla12@naver.com

ISBN 979-11-987424-2-1
정가 25,000 원

* 저자와 협의하여 인지를 붙이지 않습니다.